LE MÉTIER
DE MOURIR

DU MÊME AUTEUR

LA NOSTALGIE DE L'HONNEUR, Grasset, 2017 (prix Interallié, Grand Prix Jean Giono, prix Erwan Bergot, prix du Nouveau Cercle de l'Union).

JEAN-RENÉ VAN DER PLAETSEN

LE MÉTIER DE MOURIR

roman

BERNARD GRASSET
PARIS

ISBN : 978-2-246-81838-0

À mes deux A,
Amélie et Arnould

« Ce qui est fut déjà ; ce qui sera est déjà. »

L'Ecclésiaste, *Ancien Testament*

« Ils sont vraiment extraordinaires, les récits de vaillance que la liberté met au cœur de ceux qui la défendent. »

Étienne de La Boétie, *Discours de la servitude volontaire*

« Une vérité, une foi, une génération d'hommes passe, est oubliée, ne compte plus. Excepté pour ceux, peu nombreux, qui ont pu croire à cette vérité, professer cette foi, ou aimer ces hommes. »

Joseph Conrad, *Le Nègre du Narcisse*

Premier jour

« Ô, Vous qui croyez ! Ne prenez pas les juifs et les chrétiens pour alliés. Ils sont alliés les uns des autres. Quiconque parmi vous les prend pour alliés sera des leurs. Dieu ne guide pas les traîtres. »

Sourate Al-Maidah (*Le Coran*)

Ras-el-Bayada, le 6 mai 1985, 8 h 45

« Inch Allah. Si Dieu le veut, Favrier. » Belleface cracha vers le sol puis il se tut. Il venait d'allumer une cigarette dont il inhala la fumée jusqu'au fond de ses poumons. Le mélange âcre et brûlant de goudron et de nicotine lui donna un haut-le-cœur. Après trois bouffées, il écrasa la tige de papier et de tabac dans une boîte de conserve vide qui faisait office de cendrier. La première cigarette de la matinée est réputée être la meilleure de la journée ; pour Belleface, c'était la pire, mais les suivantes étaient assez bonnes pour le convaincre de continuer à fumer. Il se saisit alors de sa baïonnette et il reprit le morceau de bois qu'il taillait quelques instants plus tôt.

« Dis-moi, le Vieux, répondit Favrier, pourquoi parles-tu si souvent arabe ? Tu parlerais hébreu, je comprendrais, mais l'arabe…

— Même si je suis juif, je suis un peu arabe quand même, fit Belleface en jouant avec la partie crantée de la lame de sa baïonnette qu'il frottait maintenant contre le haut de la paroi de la boîte de conserve.

— J'ai du mal à m'y habituer, dit Favrier. Au fait que tu parles arabe, mais aussi à tout ce bruit que tu causes avec ta baïonnette. D'ailleurs, pourquoi es-tu le seul à utiliser une kalachnikov alors que nous avons tous un M 16 ? »

Belleface ne répondit pas et continua à faire aller et venir la lame de son arme contre la boîte de métal, émettant un bruit à la fois strident et grinçant et, à la longue, irritant pour les nerfs.

« C'est normal, reprit Belleface au bout de quelques instants. Tu ne peux pas tout comprendre. Tu n'es là que depuis trois mois. » Il arrêta de gratter son arme contre la boîte.

« Quatre mois et demi, le reprit Favrier.

— Ah bon ? Déjà quatre mois ? C'est fou comme le temps passe… » Belleface rangea sa baïonnette dans l'étui d'acier qu'il avait accroché à son ceinturon. Puis il leva les yeux vers son interlocuteur. Sans rien dire, il porta ensuite le poids de son corps en arrière et commença à se balancer sur son siège. Il était assis sur un tabouret de bois qui se trouvait là depuis toujours sans que personne sût d'où il provenait ni qui avait pu l'apporter jusque dans ce shelter, constitué de trois hauts murs de sacs de sable, d'un quatrième en parpaings et d'un toit de tôle ondulée qui tenait en équilibre précaire et s'envolait à chaque grand coup de vent. Depuis cet abri à l'épreuve des armes légères, on pouvait surveiller une partie de la route qui conduisait de l'enclave à la ville de Tyr. L'enclave, c'était cette bande de terre large d'une dizaine de kilomètres, implantée en territoire libanais, qui servait de zone tampon pour préserver Israël des attaques du Hezbollah. Elle courait tout le long de la frontière séparant l'État hébreu du Liban.

« Favrier, il y a encore plein de choses que tu dois apprendre. Si Dieu le veut et qu'il m'en laisse le temps, je te les apprendrai », dit Belleface en se levant.

Il s'étira et il s'épongea le front avec la manche gauche de son treillis. Il était à peine neuf heures du matin mais il faisait déjà très chaud. La chaleur s'était installée depuis quelques jours sur le sud du Liban, devenant vite pesante, presque oppressante, et ne faiblissait pas, quelle que fût l'heure de la journée. Elle était arrivée subitement, après les derniers orages du mois d'avril, et Belleface regrettait déjà la fraîcheur et les pluies de ces mois d'hiver qui lui avaient pourtant paru interminables. Le Vieux n'aimait pas la chaleur.

Au bord de l'embrasure aménagée dans l'un des murs composés de sacs de sable reposait le fusil-mitrailleur qui tenait en joue la barrière du check-point. De là, le Vieux pouvait embrasser du regard toute la baie qui allait jusqu'à Tyr. Il ne se lassait pas de contempler ce panorama grandiose, avec la vieille ville mythique dont il voyait la masse blanche émerger au loin, enchâssée entre le bleu de la Méditerranée et les vertes étendues des plantations d'orangers et de bananiers. Ce paysage, il avait l'impression de le connaître par cœur alors que chaque jour le transformait et le rendait différent de la veille.

Regarder la mer changer de couleur au gré du jeu des nuages avec le soleil, avec ses milliers de reflets qui scintillaient à la faveur des vagues et de leurs mouvements hypnotiques, lui procurait une sensation d'apaisement intérieur, qui se conjuguait à maintes reprises avec un sentiment de volupté. Il saisissait alors l'espèce de ferveur mystique que peut provoquer, chez les vieux sages bouddhistes, la contemplation du monde – fût-il en guerre. Lorsqu'il observait ainsi la ville de Tyr au loin, comme il le faisait chaque jour depuis des mois et des mois, Belleface en venait à croire parfois qu'il était enfin parvenu au terme de sa longue course, et que Ras-el-Bayada était le lieu où il serait appelé à poser son sac. Pour toujours.

« Et toi, le Vieux, ça fait combien de temps que tu es ici ? » demanda Favrier au bout d'un long moment.

Belleface observa le silence. Il n'avait pas envie de parler de lui et, même s'il aimait bien Favrier, cela ne le regardait pas. Cela ne se fait pas, quand on est un soldat, de dire qu'on a plus de cinquante ans. Cinquante-huit ans, songea-t-il, c'est l'âge de la retraite dans presque toutes les armées du monde. Dieu merci, Tsahal n'était pas trop regardant sur les dates de naissance de ses effectifs et lui avait permis de continuer à exercer son métier.

Certes, il avait beaucoup payé de sa personne, au long de tant d'années, dans presque toutes les unités de choc de l'armée israélienne, et celle-ci avait su s'en souvenir. Depuis ses débuts dans une formation de parachutistes, au milieu des années cinquante, jusqu'à son séjour au sein des forces spéciales, et notamment dans le Sayeret Matkal, ce commando dont l'existence, si longtemps tenue secrète, venait d'être dévoilée au grand public trois ou quatre ans plus tôt, le Vieux avait voué son existence à Tsahal. Il lui avait tout donné – et même un peu plus que cela.

Belleface avait fini colonel lorsqu'il avait pris sa retraite, et il en était assez fier. Colonel dans l'armée israélienne, c'était l'équivalent de général chez les Américains ou les Français. Heureusement, se disait-il parfois, qu'on lui avait donné sa chance, une fois de plus, malgré son âge, et permis de continuer à servir son pays en intégrant l'ALS (Armée du Liban Sud), cette milice libanaise constituée de chrétiens à la solde d'Israël. On lui avait simplement demandé en contrepartie de renoncer à son grade.

Qu'aurait-il fait, sinon ? Que peut bien faire de ses journées un colonel à la retraite de l'armée israélienne ? Regarder chaque jour les programmes télévisés du matin en faisant ses exercices de gymnastique pour se maintenir en bonne forme physique, puis aller jouer l'après-midi aux échecs avec des vétérans dans le square Dizengoff, à Tel Aviv, en sirotant un soda sans sucre à l'aide d'une paille ? Et se rendre ensuite pour dîner dans une échoppe avec quelques anciens du commando, toujours les mêmes, ceux qui n'avaient pas de femme ou ceux qui fuyaient les leurs, à se conter en boucle leurs exploits dont personne ne pouvait avoir la moindre idée, tout en veillant à ne pas abuser des falafel et autres aliments frits, et en regardant la jeunesse dorée se vautrer dans les plaisirs alors que sa génération en avait tant bavé ? Non. C'était impensable. Il ne pouvait sortir ainsi de l'existence. Belleface ne se voyait pas mourir autrement que les armes à la main.

La mort, le jour où elle se présenterait à lui, ne lui faisait pas peur – et il n'était même pas sûr qu'elle fût une considération d'importance. Cela faisait si longtemps qu'il n'avait plus personne autour de lui que nul ne le pleurerait le jour où il viendrait à disparaître. Il était certain de cela – et il s'en fichait. Il était un perpétuel rescapé, toujours en sursis. Il portait cette conviction ancrée en lui depuis son enfance, depuis le jour où il avait pris conscience, à l'âge de dix ans, voyant s'éteindre sa grand-mère maternelle qu'il aimait tant, que la fragilité gagne presque toujours contre la permanence, et que le désir de pérennité est une illusion car – et c'est la première loi de la vie – la mort emporte tout avec elle. « Ce qui fut, cela sera, murmura-t-il, ce qui s'est fait se refera, et il n'y a rien de nouveau sous le soleil. »

« Que dis-tu ? » demanda Favrier. Il était toujours là, debout dans l'embrasure de la porte du shelter, appuyé contre les sacs de sable. Lui aussi regardait au loin la Méditerranée scintiller sous le soleil. À son réveil, deux heures plus tôt, Belleface avait été surpris par l'agitation qui s'était emparée de la mer au cours de la nuit : les vagues et les bribes d'écume poussées par le vent lui conféraient des teintes laiteuses et, par endroits, elle se confondait presque avec les nuages qui formaient comme des flaques de peinture blanche. Depuis, le soleil s'était levé et le vent était tombé. Et Belleface savait, par expérience, que la mer virerait en fin de journée au vert émeraude. Il aimait ces métamorphoses de couleurs, lui qui n'avait pourtant jamais mis les pieds dans un musée parce qu'il estimait que c'était une perte de temps.

« Je récitais *L'Ecclésiaste.* Tu sais bien que je cite toujours *L'Ecclésiaste,* fit le Vieux.

— J'ai remarqué. Mais tu ne m'as pas répondu : depuis combien de temps es-tu ici ? »

Belleface se tut de nouveau. Par ses questions, Favrier l'avait plongé, sans le vouloir, dans une profonde mélancolie. Il était bien gentil, ce Favrier, mais il ne connaissait encore rien de la vie. Que pouvait-il savoir, à son âge, de la souffrance ? Et du désir de survie – ou plutôt de la nécessité de vaincre ? Lui, Belleface, avait passé le plus clair de son existence à parer les coups, anticiper les embuscades, soigner ses blessures après les avoir reçues, et à tuer sans trop se demander pourquoi. Mais il était toujours là.

« Tu es toujours vivant. Parfois, j'en viens à penser que tu es indestructible. Et c'est grâce à ta rage de vaincre que tu as survécu », lui avait dit un de ses amis, ancien parachutiste ayant servi dans les SAS anglais, alors qu'ils jouaient aux fléchettes, un soir de soûlerie à la bière dans un pub de Birmingham, entre les éclats de voix de leurs voisins et d'épais rideaux de fumée de tabac. En vérité, il avait survécu à toutes les épreuves grâce au sentiment de colère qui l'habitait depuis son adolescence et qui ne s'était jamais dissipé. La seule différence avec ses années de jeunesse, c'est qu'il avait appris à vivre avec cette colère.

Belleface était maintenant plongé dans une de ses songeries. La solitude, il la connaissait sans doute mieux que quiconque, et il en avait toujours fait son affaire. Sa famille au complet avait disparu quarante ans plus tôt et il n'avait jamais vraiment aimé de femme – sauf peut-être Ruth. Il ne s'était pas marié, n'avait connu d'autres amours que de passage car la guerre, quand on s'y jette de toutes ses forces, est un emploi à temps complet, et parce que, au fond, il préférait la compagnie des hommes à celle des femmes. Parce que c'était ainsi, pour tout dire. À sa place, la plupart des hommes se seraient apitoyés sur leur sort. Lui non.

Heureusement, quand même, qu'il y avait eu Ruth. Grâce à elle, il avait entrevu ce vertige qui fait chavirer tant d'hommes et qu'on appelle l'amour. Il l'avait connue en 1956, pendant la campagne de Suez, au bord d'une piscine à Eilat, aux portes du désert du Néguev. Ruth… Son prénom voulait dire « compagne » en hébreu. Belleface l'appelait tendrement Ruthy lorsqu'il relevait la mèche de ses cheveux qui lui tombait sans cesse sur le front. Les jolis cheveux noirs et bouclés de Ruth, ses yeux bleus, son regard sans malice, à la fois bienveillant et interrogateur, comme s'il devait toujours apporter une réponse à toutes les questions qu'elle se posait – et elle s'en posait beaucoup –, sa peau mate couleur de miel, parsemée de taches de rousseur sur les ailes et l'arête du nez…

Il se souvenait si bien d'elle, de sa silhouette pleine de grâce. Elle était très bonne nageuse et elle passait sa vie dans l'eau. Il aimait plus que tout la voir sortir de la piscine, ses longs cheveux lui tombant sur les épaules, ses seins splendides mis en valeur par l'étoffe mouillée d'un soutien-gorge inutile, son maillot de bain échancré dévoilant des jambes superbes. L'instant d'après, elle s'allongeait sur une serviette de bain et il prenait plaisir à observer les gouttes d'eau qui séchaient si vite sur sa peau brune. Il avait alors envie de la croquer, comme un pain d'épice. Lorsqu'il la regardait ainsi, il se disait que la fiancée du *Cantique des Cantiques* devait ressembler à Ruth. Il y avait autre chose qu'il aimait en elle, une singularité dans sa physionomie qui, à ses yeux, n'était pas un détail car elle exprimait les contradictions de Ruth : alors que son regard paraissait parfois empli de doutes, son menton était plein de force et de douceur. Elle était un peu plus ronde que mince, exactement comme il aimait les femmes. Il avait vingt-neuf ans à l'époque. Elle en avait vingt-deux.

Belleface se souvint de ce qu'elle lui disait, citant *Le Livre de Ruth*, dans *L'Ancien Testament,* avec sa voix pleine d'enthousiasme et de candeur : « Où tu iras, j'irai ; où tu t'arrêteras, je m'arrêterai ; où tu mourras, je mourrai ; et là, je serai enterrée… » Aujourd'hui, il en était sûr : Ruthy l'avait aimé. Peut-être même avait-elle été le seul être au monde, à l'exception de sa mère et de ses deux grands-mères, à l'avoir aimé tel qu'il était. Et, lorsqu'il repensait à ce qu'elle lui disait, et à la façon dont elle le lui disait, avec sa voix empreinte de gravité, il avait le cœur broyé. « Où tu iras, j'irai ; où tu t'arrêteras, je m'arrêterai ; où tu mourras, je mourrai ; et là, je serai enterrée… »

Ruth était morte une quinzaine d'années plus tard, pendant la guerre du Kippour, assassinée par un Palestinien alors qu'elle rentrait un soir chez elle, dans la ville nouvelle de Bethléem. Elle avait été égorgée devant la porte de son appartement, dans cet immeuble moderne de trois étages où le moindre bruit résonnait dans la cage d'escalier sans tapis. Les voisins n'avaient rien vu ni entendu. Personne n'avait parlé de la fin de Ruth à la radio ni dans les journaux. Ruth avait été assassinée alors qu'elle n'avait jamais causé de tort à personne. Une vie supprimée pour quoi ? Une mort appelle une autre mort. Et une injustice doit être réparée. Sinon, tout s'effondre et plus rien n'a de sens. À l'époque, Belleface s'était dit qu'il fallait à tout prix la venger. Que s'il ne se chargeait pas lui-même de rendre justice à Ruth, personne d'autre ne le ferait. Mais il n'avait rien fait. Avec le recul, il se faisait la réflexion que plus rien ne l'étonnait déjà à cette époque.

Le Vieux regarda Favrier. Il est bien, ce garçon, se dit-il. Idéaliste, comme le sont presque tous les jeunes de son âge, mais un bon gars. Plutôt beau garçon, d'ailleurs, avec son grand corps un peu maigre, tout en muscles longs, son visage régulier, sa mâchoire ferme, ses cheveux châtains et ses yeux bruns. Il avait une voix singulière, comme étouffée. Une voix qui semblait venir de loin, des profondeurs de lui-même, mais avec une étrange douceur. Belleface se prenait soudain à réfléchir et à laisser divaguer son esprit. Il y avait quelque chose à tirer de Favrier, il en était sûr. Depuis le temps qu'il en voyait, des jeunes qui prétendaient combattre, il avait appris à se faire une opinion à partir de quelques critères simples. Favrier répondait positivement à ces critères. Et puis un goy qui vient se battre pour Israël, ce n'est pas si fréquent, pensa-t-il.

« Tu veux dire depuis combien de temps je suis entré dans l'ALS ? fit Belleface.

— Non. Depuis combien de temps es-tu à Ras-el-Bayada ?

— Attends, il faut que je réfléchisse. »

Belleface n'avait pas envie de raconter sa vie. Par la différence d'âge, Favrier aurait pu être son fils. Et, s'il avait dû en avoir un, le Vieux aurait bien choisi un garçon tel que lui. Cela ne s'explique pas, l'élan qui vous pousse vers quelqu'un – pas plus que ne s'explique le hasard de la naissance dans telle famille plutôt qu'une autre. Belleface n'avait pas eu d'enfants. Il ne savait pas si c'était une chance ou une souffrance.

Depuis qu'il avait vu ses parents, son frère et ses trois sœurs périr en quelques semaines, Belleface s'était juré de ne pas reproduire le schéma qui l'avait fait venir au monde. Au-delà des exigences de son métier, c'était aussi pour cela qu'il avait fini par rompre avec Ruth. Aujourd'hui, à cinquante-huit ans, le Vieux n'avait qu'une famille, qu'il avait eu la chance de pouvoir choisir : celle des soldats.

Soudain, sans qu'il puisse se l'expliquer, lui revint en mémoire le refrain d'un chant qu'il avait appris en Indochine, lorsqu'il était arrivé au Tonkin, au début de l'année 1948, et que tous les hommes des trois bataillons du 3e REI (3e Régiment Étranger d'infanterie) entonnaient en chœur chaque fois que le colonel passait les troupes en revue. Il se souvenait très bien que la plupart des légionnaires faisaient traîner les accents sur chaque syllabe, les Slaves, les Viêts et surtout les Allemands, parce qu'ils ne comprenaient pas les paroles de ce chant, alors qu'ils en connaissaient les couplets et le refrain, et cela faisait trépigner de rage le lieutenant qui commandait sa section. Comment s'appelait-il, déjà, ce jeune lieutenant aux cheveux roux qui avait été tué quelques années plus tard sur la RC4 (Route Coloniale n° 4) d'une balle dans le ventre ? Il ne se rappelait plus son nom, mais il se souvenait très bien qu'il avait laissé derrière lui une jolie veuve et deux enfants blonds. Il se souvenait très bien aussi de ce chant qui lui faisait courir des frissons dans le dos lorsque, parfois, il lui venait soudain l'idée de se taire pour, simple légionnaire dans les rangs, écouter ses camarades chanter presque d'une seule voix la lamentation des soldats professionnels.

« Adieu, vieille Europe, que le diable t'emporte,
Nous partons sac au dos, flingue en main,
Faire ensemble le même chemin.
À nous le désert, comme aux marins la mer,
Il nous faut du soleil, de l'espace,
Pour redorer nos carcasses… »

Belleface avait repris sa baïonnette en main et il était occupé désormais à creuser des encoches dans le bout de bois qu'il avait entrepris de tailler quelques instants plus tôt pour passer le temps. Il finit par le poser, au milieu des copeaux, sur la table qui se trouvait sous la fenêtre du shelter et il replaça sa baïonnette dans son étui. Puis il se rassit sur le tabouret, tira une autre cigarette de son paquet et l'alluma en prenant soin de n'inspirer que de courtes bouffées. Il se sentait moins écœuré ainsi. Il fredonnait en lui-même ce chant plein de nostalgie et, maintenant, il se souvenait.

C'était la corvée, ces prises d'armes en tenue de parade. D'abord, on devait, sauf lorsqu'on se trouvait en opérations, laver ses vêtements tous les soirs à cause de la chaleur et de l'humidité perpétuelle, mais ils n'étaient même pas secs le lendemain matin. Ensuite, il fallait repasser la chemise de l'uniforme d'une certaine manière, avec les trois plis verticaux et les trois plis horizontaux dans le dos, sans oublier les deux plis réglementaires sur les manches. C'était si long à repasser correctement que, si le sergent-chef de la section ou l'adjudant de compagnie étaient de mauvaise humeur, cela pouvait vous faire rater une permission.

Mais le pire, c'étaient les lacets. Il fallait les glisser dans les œilletons des rangers préalablement passées au cirage noir et que ceux-ci restassent blancs. Autant dire que c'était une tâche impossible. Quelques légionnaires se repassaient entre eux un pot de peinture blanche et, à l'aide d'un pinceau très fin, on pouvait alors blanchir les lacets. Mais, à force, les lacets séchaient, durcissaient et finissaient par casser. Or le fourrier refusait de les remplacer plus d'une fois par an.

« Adieu, vieille Europe, que le diable t'emporte,
Nous partons sac au dos, flingue en main,
Faire ensemble le même chemin.
À nous le désert, comme aux marins la mer,
Il nous faut du soleil, de l'espace,
Pour redorer nos carcasses.
Nous, les damnés de la terre entière,
Nous, les blessés de toutes les guerres… »

Le Vieux s'interrogea, tout en surveillant Favrier du coin de l'œil. Pourquoi lui, dont toute la famille était issue d'Europe centrale, aimait-il autant le soleil et le désert ? Pourquoi avait-il parfois l'impression, alors qu'il détestait tant la chaleur, de sentir avec une forme de délectation ses vieux os blanchir et sa peau tannée sécher sous le soleil ? « Redorer sa carcasse. » Peut-être que toute sa vie, au fond, tenait en ces quelques mots : il avait cherché à réchauffer sa carcasse. Peut-être que le soleil lave et guérit tout. Qui sait ? « Rien de nouveau sous le soleil », dit *L'Ecclésiaste.* Mais le même dit aussi : « Un temps pour vivre, un temps pour mourir. » Comment expliquer tout cela à Favrier ? se demanda Belleface. Il n'avait jamais été père, et il avait à peine eu le temps de connaître le sien. Il ne savait pas comment enseigner les lois de la vie.

Il jeta soudain sa cigarette au sol et l'écrasa d'un coup de talon. Une voiture venait de se présenter devant la barrière close du check-point. Belleface l'avait vue venir, depuis la direction de Tyr, et il avait aussitôt reconnu la silhouette et la marque du véhicule. Une Mercedes. Au Liban, c'étaient les voitures qui coûtaient le plus cher. Mais c'étaient aussi celles qui faisaient le plus de dégâts lorsque, après en avoir bourré le coffre d'explosifs, le Hezbollah lançait un de ses hommes pour un attentat-suicide contre un check-point de l'ALS. Celle-ci était un vieux modèle. Donc susceptible d'être une voiture piégée.

« Reste là, Favrier, dit-il en se levant. Et occupe-toi du fusil-mitrailleur. Je vais voir ce qu'il se passe là-bas. »

Il se saisit de sa kalachnikov qui reposait contre un sac de sable, crosse en bas à même le sol, et il s'apprêta à sortir. Il s'arrêta sur le pas de la porte.

« Au fait, Favrier, dit-il en se retournant vers son camarade, si vous avez tous un M16 et moi une kalach, c'est parce que j'ai eu le droit de choisir mon arme. Et si j'ai eu le droit de la choisir, c'est parce que je suis le chef. Peut-être qu'un jour tu pourras choisir ton arme… »

Puis il franchit le seuil du shelter et il se dirigea sans se presser vers la barrière du check-point. Il arma son fusil d'assaut en marchant. Tout en observant le véhicule à l'arrêt, il jetait de rapides coups d'œil de droite à gauche et de gauche à droite. Tout paraissait calme mais il savait par expérience que certains déluges de feu ne sont précédés d'aucun signe avant-coureur. Il nota que les occupants de la Mercedes, qu'il avait aperçus depuis le shelter, étaient restés dans le véhicule. Un de ses hommes, Georges Yared, se tenait debout contre le poteau de la barrière, l'arme au pied. Il n'avait pas bougé. L'indolence libanaise. Comme les autres hommes qui tenaient cette position, Yared était maronite. Seul Favrier était catholique. Un recrutement à l'image de l'ALS, et de l'alliance qu'avaient nouée les frères Gemayel avec Israël. L'Armée du Liban Sud était d'ailleurs commandée très officiellement par un chrétien, le général Antoine Lahad.

Une dizaine de mètres séparaient le shelter de la barrière. Le Vieux marchait maintenant sur le terre-plein qui avait été aménagé quelques semaines plus tôt par les bulldozers et les tractopelles de Tsahal. C'est Belleface qui avait, en sa qualité de responsable du check-point, demandé que fussent érigés quelques éléments de défense. Se conformant à ses instructions, les sapeurs du génie de l'armée israélienne avaient élevé un haut remblai de terre, derrière lequel les hommes de son équipe pouvaient s'abriter en cas d'attaque venant de Tyr, et nivelé le sol partout ailleurs. Des obstacles antichar, construits sur le modèle des hérissons tchèques, avaient été disposés çà et là, sur la route, autour du terre-plein et du shelter, et un mirador édifié au sommet de la colline contre laquelle était adossé le check-point. Il fallait grimper la colline par un chemin escarpé d'une cinquantaine de mètres avant d'arriver au pied de l'échelle qui permettait d'accéder au mirador. Une fois parvenu dans le mirador, on pouvait profiter d'une magnifique perspective sur la baie de Tyr. C'était Tony Nader qui devait s'y trouver à l'instant, songea Belleface. Il avait également obtenu que leur fût livré un bungalow préfabriqué dans lequel dormaient ses hommes. Il était le seul à disposer d'une chambre à part.

Après la grande ligne droite, longue d'une vingtaine de kilomètres, qui séparait Tyr de Ras-el-Bayada en traversant les plantations d'orangers, de citronniers et de bananiers, le relief changeait soudain de nature. La terre devenait aride et rocailleuse. Une chaîne de hautes collines et de monts pelés ou accidentés formait comme une frontière naturelle entre Israël et le Liban, partant des falaises de pierre calcaire qui se dressaient devant la mer Méditerranée et remontant vers l'est jusqu'à la frontière syrienne. Ras-el-Bayada était l'un des rares points d'accès goudronnés à l'enclave, où se trouvaient disséminés dans les montagnes quelques villages peuplés pour l'essentiel de maronites, mais aussi parfois de chiites. Avec la route qui se rétrécissait à cet endroit pour contourner la colline, avant de longer le pied ou le flanc des falaises jusqu'à Rosh Hanikra, poste-frontière entre Israël et le Liban, Ras-el-Bayada formait une position excellente. C'était surtout un point stratégique, un avant-poste implanté en terre étrangère et hostile.

Le Vieux s'approchait de la Mercedes. À travers les vitres et le pare-brise, il vit distinctement une famille installée sur les sièges arrière de la voiture. Deux femmes avaient le visage voilé, et des enfants jouaient et se chamaillaient entre eux. À l'avant, un vieillard aux joues décharnées se tenait à côté du conducteur, un homme d'une cinquantaine d'années, replet, qui portait une chemise blanche et arborait une épaisse moustache noire. La famille chiite typique, se dit Belleface.

Il s'adressa à Yared.

« Pourquoi tu ne les laisses pas passer ?

— Ça leur fait du bien d'attendre.

— Ça sert à quoi de les humilier ? demanda Belleface.

— Tu sais bien que je n'aime pas les chiites », dit Yared.

Il ajouta : « Les sunnites non plus, d'ailleurs.

— Et moi, je n'aime pas quand une voiture stationne trop longtemps devant le check-point. C'est pas bon, tout ça. Ça peut être dangereux », fit Belleface.

Il était arrivé devant la portière du conducteur qui avait baissé sa vitre. Avec une famille au complet dans la voiture, songeait le Vieux, il y avait peu de risques que l'homme fasse exploser son véhicule. Belleface fit sortir les occupants de la Mercedes et, tandis que Yared surveillait les femmes et le vieillard, il ordonna au père de famille à la moustache noire d'ouvrir le coffre arrière de la voiture. Celui-ci était rempli de cageots de tomates et de paniers d'oranges. Sur l'accoudoir central qui servait de séparateur, une cage contenait deux poulets vivants. Belleface referma lui-même le coffre en faisant claquer le hayon et intima aux passagers de regagner leur véhicule.

« Allez, ouvre la barrière », dit-il à Yared.

Le maronite s'exécuta et la voiture démarra en soulevant un nuage de sable et de poussière. Le Vieux la regarda s'éloigner lentement, alourdie par le poids de son chargement, en zigzaguant entre les chevaux de frise et les nids-de-poule sur la route. Lorsqu'il la vit disparaître après le tournant, Yared avait déjà repris sa faction au pied de la barrière.

« C'est un mal, parmi tout ce qui se fait sous le soleil, qu'il y ait un même sort pour tous », se dit Belleface. C'était le début du troisième verset du chapitre IX de *L'Ecclésiaste.*

Ras-el-Bayada, le 6 mai 1985, 12 h 45

« Dis-moi, Favrier, qu'est-ce que tu es venu faire ici ? demanda Belleface.

— Pourquoi me demandes-tu ça ?

— Parce que ce n'est pas ton combat, ce qu'il se passe ici.

— Qu'est-ce que tu en sais ?

— Tu n'es pas juif. Tu n'es pas libanais. Tu es catholique et français. Cela fait au moins quatre raisons pour lesquelles j'ai du mal à comprendre ce que tu fais ici. »

Ils étaient assis sur deux rochers, en train de déjeuner, face à la mer Méditerranée, qui se trouvait à quelque trois cent cinquante mètres d'eux, au-delà de la route goudronnée qui reliait l'enclave à Tyr et surplombait une longue plage de sable. La veille, Belleface avait acheté des crêpes de farine, des tomates et quelques fruits à un paysan maronite qui passait le check-point. Il avait ajouté au menu deux boîtes de thon en conserve, et apporté avec lui une petite jarre de terre cuite contenant de l'huile d'olive vierge. Belleface adorait l'huile d'olive. Il avait aussi installé un réchaud à gaz entre trois blocs de pierre pour protéger la flamme du vent qui s'était levé en fin de matinée. Sur la grille du réchaud, il avait posé une cafetière à l'italienne pleine d'eau et de café moulu. Il n'aimait le café que lorsqu'il était préparé de cette façon.

« Et toi, demanda Favrier, pourquoi es-tu là ?

— Mais moi, c'est normal. Je suis juif et je me bats pour mon pays.

— Alors, disons que je me bats parce que j'aime ça.

— Ne me raconte pas d'histoires, répondit Belleface. La solde de l'ALS est ridicule pour un Français. Si tu voulais faire la guerre pour la guerre, tu serais devenu mercenaire en Afrique. Mais tu ne serais pas venu au Liban pour gagner seulement six cents dollars par mois.

— Je me suis engagé parce que j'y croyais, dit Favrier.

— Tu croyais à quoi ?

— J'avais envie de me battre pour une cause et celle-là me convient bien. Et puis, j'avais envie de découvrir la Terre sainte.

— Qu'est-ce que tu me racontes ? fit Belleface.

— Tu ne peux pas tout comprendre », dit Favrier. Il ajouta après un silence : « Et je ne suis pas obligé de tout te dire.

— Ça, c'est vrai », dit le Vieux.

Ils se turent l'un et l'autre. Pendant qu'il mâchait la crêpe dans laquelle il avait fourré des miettes de thon et des quartiers de tomate mélangés avec des feuilles de menthe fraîche, Favrier réfléchissait. Fallait-il dire à Belleface les raisons pour lesquelles il était venu jusqu'ici ? Ne valait-il pas mieux se taire comme il le faisait d'instinct depuis qu'il était arrivé à Ras-el-Bayada ? A priori, le Vieux lui inspirait confiance. Cela faisait bientôt quatre mois et demi qu'il l'observait dans presque toutes les circonstances de leur vie de soldats qui les obligeait à la promiscuité. Belleface était un bon chef. C'était un dur, qui refusait de s'émouvoir, mais il n'était pas cynique.

À le voir, on se disait tout de suite qu'il était l'incarnation même du baroudeur. Il formait l'archétype du combattant professionnel. Il paraissait avoir le visage de tous les soldats, de tous temps et de tous lieux, quelles que fussent leur race ou leur nationalité. Il symbolisait une figure qui existe depuis que le monde est monde : celle du guerrier. Favrier se faisait la réflexion qu'il aurait tout aussi bien pu servir dans les armées d'Alexandre, traverser les Alpes avec Hannibal ou César, mener une charge de cuirassiers à cheval sous le premier Empire, ou encore balancer du napalm avec les Américains lors de la guerre du Viêt Nam. Seuls les uniformes auraient changé ; Belleface, lui, serait toujours resté le même.

Tout cela impressionnait Favrier. À vingt-deux ans, dans les sociétés modernes occidentales, la plupart des jeunes hommes se cherchent encore un père. C'était le cas de Favrier. Tout en avalant une longue rasade d'eau à sa gourde, il observa Belleface alors que ce dernier s'accroupissait pour allumer le réchaud à gaz. Le Vieux n'était pas très grand, mais l'on n'aurait pas pu dire non plus qu'il était petit. Il devait mesurer un mètre soixante-quinze environ. Il avait les cheveux ras, si bien que l'on ne pouvait affirmer quelle était leur couleur, le regard sombre à cause de ses yeux bruns, un nez court à l'extrémité ronde et aux narines palpitantes, et il portait de fines lunettes cerclées d'acier. Bien que Favrier ne l'eût jamais surpris en train de faire le moindre exercice de gymnastique, Belleface paraissait avoir une condition physique affûtée. Il avait pourtant une tendance à l'embonpoint et il fumait beaucoup trop. Mais, à la différence de Favrier, il ne buvait presque jamais d'alcool.

Belleface s'était relevé et ils attendaient maintenant le sifflement de la cafetière. Favrier vit le Vieux sortir un paquet de cigarettes américaines de la poche de poitrine de son treillis. Il en alluma une sans rien dire, en faisant claquer son briquet à essence lorsqu'il le referma d'un coup de pouce.

En réalité, Favrier ne pouvait se résoudre à lui dévoiler la raison pour laquelle il s'était engagé dans l'ALS. C'était trop long à expliquer – et puis il n'était pas sûr que le Vieux comprendrait, parce que cela remontait à très loin dans sa propre histoire, dont Belleface ne savait rien.

Favrier se rappela, presque de manière subreptice, ce court passage de sa vie qui allait tant le marquer et laisser en lui une empreinte si profonde. Longtemps, le Liban n'avait été pour lui qu'un point sur une mappemonde, à moins qu'il ne fût, sur l'une de ces grandes cartes géographiques plastifiées qui ornaient les murs des salles de classe de son enfance, une tache de couleur claire et de forme rectangulaire sur un planisphère où l'on pouvait distinguer la mer Méditerranée et ses pourtours. Lorsqu'il était entré dans l'adolescence, il avait appris au collège l'histoire des Phéniciens. C'était alors qu'il avait entendu pour la première fois évoquer l'existence de la ville de Tyr, qui fut un grand port phénicien sous l'Antiquité.

Favrier n'avait plus jamais eu l'occasion par la suite de s'intéresser au Liban, et encore moins de se préoccuper du sort de ce pays. Il était accaparé par les choses de son âge, celles qui avaient cours dans son collège catholique du VIe arrondissement de Paris, situé juste en face des jardins du Luxembourg : les filles, les soirées et l'alcool. La sarabande des plaisirs est le plus merveilleux des pièges pour les esprits en quête d'absolu, pensa Favrier, parce que ces derniers s'y jettent avec la force de ceux qui veulent à tout prix donner un sens à leur vie – fût-il celui de l'autodestruction. Mais il se souvenait aussi très bien que les noms des villes de Tyr et Sidon, aujourd'hui Sûr et Saïda, l'avaient fait rêver autant que ceux de Saïgon, Marrakech ou Zanzibar.

C'était au cours de l'année précédant son baccalauréat qu'il avait vu arriver dans sa classe, à la fin du premier trimestre, un élève de nationalité libanaise répondant au nom de Charles El-Khoury. Favrier revit en pensée le visage et la silhouette de ce garçon grand, beau et fort qui, par-dessus le marché, était riche, immensément riche.

Dans l'esprit des élèves de sa classe, comme aux yeux de tous les professeurs du collège, Charles El-Khoury était paré de tous les prestiges. Il venait d'avoir dix-huit ans alors que ses condisciples en accusaient deux de moins. Il était déjà un homme – un homme jeune, tout au moins. La rumeur voulait qu'il descendît d'une vieille famille de maronites, vivant depuis le Moyen Âge dans les montagnes du Chouf, que sa mère fût morte de manière énigmatique, et que son père, un richissime homme d'affaires, inconsolable depuis son veuvage, n'eût cessé de voyager à travers le monde pour oublier son chagrin – raison pour laquelle Charles El-Khoury avait été livré à lui-même, n'ayant ni frère ni sœur, et aux bonnes grâces de sa gouvernante et de ses domestiques, remplacés par de nouveaux venus aussi vite et régulièrement que se déroulait le rythme des saisons. Favrier et lui étaient devenus amis en quelques mois, peut-être parce que, derrière un abord franc et direct, ils étaient aussi timides l'un que l'autre. Grâce à son ami libanais, l'adolescent français avait découvert un autre mode de vie que le sien, et des préoccupations très différentes de celles de sa famille ou de ses camarades de classe.

Favrier but une gorgée d'eau à la gourde qu'il accrocha ensuite à l'arrière de son ceinturon de cuir. L'eau était tiède, presque chaude ; elle avait un arrière-goût de métal qui lui causa une étrange impression lorsqu'elle se trouva au contact de certaines de ses dents plombées d'acier. Il détestait cette sensation d'avoir un morceau de fer dans la bouche.

Au début, El-Khoury s'était comporté comme tous les autres garçons du collège. Il jouait au football, déjeunait dans des pizzerias, allait au cinéma, sortait le soir avec ses amis dans des boîtes de nuit où ils dansaient parfois jusqu'à l'aube. Mais il travaillait dur pour rattraper le retard qu'il avait accumulé au cours de sa scolarité chaotique dans la capitale libanaise. Puis, au fur et à mesure que l'année scolaire avançait, il avait peu à peu cessé de s'amuser avec ses camarades. À la fin, il avait renoncé à toute autre activité que le travail, comme s'il était pris d'une frénésie irrépressible ou tenu par une urgence intérieure. Un soir, alors qu'ils dînaient tous les deux, servis par un domestique, dans la cuisine du vaste appartement de son père, situé dans les beaux quartiers de la rive droite de la Seine, Charles El-Khoury avait expliqué à Favrier les raisons de ce comportement.

Lorsqu'il vivait encore à Beyrouth, il s'était engagé dans les Forces libanaises, cette milice chrétienne fondée par Béchir Gemayel, constituée essentiellement de jeunes kataëbs, l'autre nom des Phalanges libanaises, ce parti politique créé dans les années 1930 par le père de Béchir. Il avait alors seize ans. Il s'était engagé, disait-il, pour servir son pays. Car Charles El-Khoury aimait son pays plus que tout.

« Si seulement tu savais, disait-il, ce qu'est le Liban. C'est le paradis sur terre.

— Qu'est-ce que tu appelles le paradis ? répondait Favrier.

— Lis *Le Cantique des Cantiques.* Tu comprendras. C'est un long poème d'amour dans lequel le Liban est cité à plusieurs reprises parce que les femmes y sont plus belles que partout ailleurs dans le monde.

— Cela dépend des goûts, non ?

— Non, c'est la vérité. Les Libanaises ont une peau couleur d'amande et des yeux aussi sombres et profonds que nos forêts de cèdres du mont Liban. Et puis le pays est si beau, avec ses montagnes couvertes de neige en hiver et ses longues plages de sable fin au bord de la Méditerranée.

— Sauf que la guerre…

— C'est pour cela que je me bats. Et c'est pour cela que je dois passer mon bac à tout prix. Pour pouvoir retourner me battre au Liban.

— Quel est le rapport avec ton bac ?

— C'est la condition qu'a imposée mon père. Si j'obtiens le bac français, il m'autorise à repartir combattre avec Béchir. »

Ce soir-là, Charles El-Khoury avait dit bien d'autres choses à Favrier. Il lui avait décrit la complexité de la situation politique au Liban et raconté comment Béchir Gemayel s'efforçait de réveiller le sentiment national dans ce pays, en le plaçant au-dessus de l'appartenance à telle ou telle confession religieuse. Il lui avait expliqué pourquoi ce même Béchir Gemayel avait noué une alliance avec Israël et comment il œuvrait de toutes ses forces pour endiguer la montée en puissance des Palestiniens, qui tentaient de s'emparer du Liban dont ils voulaient se servir comme d'une base arrière pour attaquer l'État hébreu.

« Tu comprends, Béchir Gemayel, c'est le de Gaulle du Liban ! s'était exclamé El-Khoury.

— En plus jeune, d'après ce que tu me racontes », avait répondu Favrier en essayant de blaguer. Mais cela n'avait pas fait rire El-Khoury.

« Non. Si Dieu le veut, il sauvera le Liban ! » avait répliqué El-Khoury.

Dieu ne le voulut pas. Béchir Gemayel fut assassiné cinq ans plus tard, après avoir été porté par son peuple à la présidence de la République libanaise. Et Charles El-Khoury mourut également, quelques mois après Béchir Gemayel, à l'âge de vingt ans, un fusil d'assaut à la main, en se battant contre les Palestiniens dans Beyrouth, après avoir brillamment obtenu ce baccalauréat français que son père avait cru pouvoir dresser comme obstacle à sa volonté de combattre. El-Khoury avait tout pour lui, la jeunesse et la beauté, l'intelligence, la force et la richesse, et il était mort pour ce petit pays qu'il qualifiait de paradis. Comment peut-on tout sacrifier pour une idée ? Comment peut-on renoncer à tout ce que désirent la plupart des hommes alors que la chance vous a permis de le posséder ? Existait-il un domaine supérieur à tous les autres, qu'il fût de l'ordre du sentiment, de la foi ou du concept, qui justifiait que l'on mourût pour lui ?

Car El-Khoury ne pouvait ignorer que son billet pour Beyrouth était sans retour. Quels étaient donc les ressorts et les motifs de l'amour inconditionnel qu'il vouait à son pays ? El-Khoury avait souvent dit à Favrier que la Terre sainte des chrétiens s'étendait jusqu'à Tyr et Sidon, et que cela était déjà, en soi, une raison suffisante pour la défendre. Mais ce n'étaient là que des mots, un discours bien rodé par des heures de discussions avec ses camarades kataëbs, et Favrier avait perçu qu'il entrait autre chose, quelque chose de bien plus profond, dans l'amour sans limites que son ami portait à la terre de ses ancêtres. Le Liban, pour El-Khoury, était une idée, celle d'une démocratie permettant aux trois religions révélées de cohabiter en paix, à défaut de pouvoir vivre dans une improbable harmonie. Mais c'était surtout un lieu, avec des paysages, des couleurs de ciel et des odeurs, dans lequel vivaient et mouraient des êtres de chair et de sang.

Bien d'autres interrogations avaient à l'époque nourri les pensées de Favrier. Pourquoi un être qui a été paré de tous les talents doit-il mourir si tôt ? De tels destins sont-ils toujours réservés aux plus purs ? Et pourquoi El-Khoury avait-il été placé sur sa route ? Quel était le sens de tout cela ? Toutes ces questions avaient longtemps taraudé la conscience de Favrier, et c'était pour tenter d'y apporter une réponse qu'il avait souhaité à son tour s'engager, non dans les Forces libanaises mais dans l'Armée du Liban Sud, ce qui revenait pratiquement au même.

« Passe-moi ton quart, dit Belleface. Le café est bientôt prêt. »

Favrier lui tendit son quart en fer-blanc. La cafetière tremblait sur le réchaud et un filet de vapeur sortait en sifflant du bec verseur.

Ils burent en silence le café brûlant.

« Je suis venu ici parce que je voulais connaître ce pays, dit Favrier après un moment. J'avais un ami maronite qui m'en parlait sans cesse. Il a été tué à Beyrouth il y a quelques années.

— Comment s'appelait ton ami ?

— Il s'appelait El-Khoury. Charles El-Khoury.

— Oui, fit Belleface, c'est bien un nom de maronite. En arabe, ça veut dire le moine.

— Je l'ignorais.

— Et c'est pour cette seule raison que tu es venu chez nous ?

— Oui, répondit Favrier.

— Ton ami servait chez les kataëbs, je suppose ?

— C'est cela. Je voulais comprendre pourquoi il tenait tant à combattre pour son pays alors qu'il avait moins de vingt ans. Et je me suis dit qu'il fallait venir vivre au Liban pour le découvrir, et que, peut-être, je comprendrais alors pourquoi les hommes se battent depuis tant d'années dans cette région.

— Et tu as compris ? demanda Belleface.

— C'est un des plus beaux pays qui soient, dit Favrier.

— Et encore, tu connais à peine Israël.

— Pas aussi bien que toi. Mais je connais quand même Jérusalem, Tel Aviv et les stations de la côte.

— Pour connaître le cœur de ce pays, il faut aller vivre quelque temps dans un kibboutz.

— Tu l'as fait ?

— Bien sûr.

— Quand ?

— Il y a longtemps.

— Mais encore ?

— Dans les années 50. J'ai dû y rester deux ans, en 1951 et 1952.

— Et pourquoi en es-tu parti ?

— Favrier, tu sais très bien que je suis un soldat. Ça m'amusait moyennement de passer mes journées à creuser des canaux d'irrigation et à ramasser des oranges pour en remplir des paniers.

— Je comprends.

— Je déteste le travail pour lequel j'ai pris de la peine sous le soleil, et que je laisse à mon successeur : qui sait s'il sera sage ou fou ? fit Belleface en marmonnant.

— Qu'est-ce que tu veux dire ?

— C'est dans *L'Ecclésiaste.* Chapitre II, verset XVIII. »

Favrier regarda la mer au loin. C'était étrange, pensa-t-il, cette manie qu'avait le Vieux de toujours citer *L'Ecclésiaste*. D'où la tenait-il ? Belleface n'avait rien d'un esprit religieux, loin de là. Il n'était même pas sûr qu'il crût en l'existence de Dieu. Mais il y avait en lui une forme de sagesse profonde, celle des hommes qui ont tout vu parce qu'ils ont connu plusieurs vies au cours de leur existence. En même temps, se disait Favrier, les perpétuelles sentences et pensées qu'il prononçait ne choquaient pas et ne dérangeaient personne. Une telle pratique aurait été impensable en France, parce qu'elle aurait été aussitôt moquée, contestée ou attaquée. Mais ici, dans ce pays où tous se référaient à Dieu, et où tout était tourné vers Lui, cela paraissait au contraire presque naturel.

Favrier se souvint alors de la visite qu'il avait faite, quelques semaines plus tôt, à Jérusalem, à la faveur d'une permission. Lorsqu'il était arrivé sur l'esplanade des Mosquées, qui surplombe le Mur des Lamentations, et qu'il s'était trouvé face au Dôme du Rocher, sous le grand soleil de midi, il s'était dit que toute cette région puait l'idée de Dieu. Se reprochant quelques instants plus tard ce verbe employé d'instinct, il s'était plongé dans une profonde méditation et avait conclu, après réflexion, qu'il n'y avait pas d'autre terme pour décrire ce qu'il ressentait.

Ce jour-là, sous les rayons du soleil qui se trouvait à la verticale au-dessus de lui, éclairant d'une lumière aveuglante le sol en pierre blanche de l'esplanade des Mosquées, il avait su, en un éclair d'intuition, qu'il n'était pas loin d'avoir enfin trouvé ce qu'il cherchait depuis toujours. Il était certain, en tout cas, de se tenir là où il devait se tenir en cet instant précis de sa vie – et cela, il le percevait de tout son être, par tous les pores de sa peau et toutes les fibres de son corps. Exultant de joie intérieure, il était tombé à genoux, et, comme s'il avait été poussé à effectuer un geste de remerciement et d'action de grâces, il avait posé les mains à plat sur les grandes dalles de pierre de l'esplanade creusées par le passage des hommes au cours des siècles.

Et il était resté ainsi, sans bouger, pendant de longues minutes, devant ce Dôme du Rocher dont la coupole dorée scintillait sous le soleil, ce lieu de culte unique au monde parce qu'il était saint pour les trois religions révélées, ce lieu à nul autre pareil qui l'irradiait à présent de toute sa force spirituelle – et c'était d'ailleurs la raison pour laquelle des millions de pèlerins l'y avaient précédé afin d'y déposer leurs prières, leurs suppliques ou leurs demandes de pardon, en espérant être entendus. Oui, El-Khoury avait touché à la vérité : cette terre était bien la terre originelle, la matrice des hommes et des trois grandes religions, terre sainte, terre de combat et terre promise à la fois, celle d'où tout part et où tout revient toujours. Ce sentiment ne l'avait plus quitté, et il le ressentait encore aujourd'hui, à Ras-el-Bayada, alors qu'il buvait un café brûlant à petites gorgées en regardant Belleface sans rien dire.

« Je suis venu ici sans ma bible, dit soudain Favrier. Tu me prêteras la tienne ? »

Un matin où il était entré dans la chambre de Belleface, l'y cherchant alors qu'il ne s'y trouvait pas, il avait eu le temps de remarquer, avant de refermer la porte, que le Vieux avait placé un exemplaire de la Bible sur l'armoire basse en fer qui faisait office de table de chevet. C'était manifestement une très vieille édition, avec une couverture en cuir noir usagé, et des marque-pages à l'ancienne, constitués de fines lanières de tissu qui s'effilochaient. Il subsistait par endroits des traces d'or fin sur les tranches des pages. On comprenait tout de suite que cet exemplaire avait beaucoup servi.

« Si tu en as une, bien sûr, ajouta Favrier.

— Je peux essayer de t'en trouver une, mais je ne te donnerai pas la mienne, fit le Vieux.

— Pas de problème.

— Je tiens beaucoup à mon exemplaire, reprit Belleface.

— C'était la bible de ton père ?

— Non. Mais c'est tout comme.

— Je comprends », dit Favrier.

Le jeune homme n'insista pas. Il avait observé à plusieurs reprises que le Vieux se murait dans le silence lorsqu'il était interrogé de façon trop précise. Quelle pouvait bien être son histoire ? Favrier n'en connaissait que des bribes, et il ne parvenait pas à reconstituer dans son intégralité l'itinéraire du Vieux. Il savait, comme les autres, que Belleface avait participé à la plupart des guerres menées par l'État d'Israël depuis sa création. Il savait aussi qu'il avait fini sa carrière au sein de Tsahal avec le grade et le rang de colonel. Il avait cru comprendre encore, sans pouvoir l'affirmer avec certitude, que Belleface s'était engagé à un moment de sa vie dans la Légion étrangère. C'était là, semble-t-il, qu'il avait appris à parler si bien le français – ce qui lui permettait de se faire comprendre des chrétiens maronites de son unité. Le Vieux parlait aussi l'arabe, comme tous les autres hommes du check-point, à l'exception de Favrier, et l'hébreu.

Les deux hommes, qui étaient restés debout pendant qu'ils discutaient, se resservirent de café, puis se rassirent l'un et l'autre sur leur rocher. Favrier regardait maintenant la kalachnikov de Belleface. C'était l'arme par excellence des soldats de ce siècle, pensa-t-il. Solide, aussi bien dans sa version russe que chinoise, avec un mécanisme simple et rustique qui lui permettait de fonctionner dans les pires conditions sans s'enrayer. Ce n'était pas le cas du M16, le fusil d'assaut américain dont ils étaient équipés.

« Dis-moi, Belleface, il faudra que tu me redonnes de l'huile pour graisser mon M16. Je trouve qu'il s'encrasse plus vite qu'avant avec le sable et la poussière. Et je ne voudrais pas qu'il s'enraye le jour où j'en aurai besoin.

— Va voir Naccache. Il t'en donnera.

— Compris.

— À propos, Favrier, reprit Belleface, je voulais te dire : il faut redoubler de prudence. J'ai appris que deux voitures suicides s'étaient fait exploser hier en fin d'après-midi contre deux check-points de l'ALS. Il faut s'attendre dans les jours qui viennent à de nouveaux attentats.

— Quand as-tu appris ça ? demanda Favrier.

— Il y a une heure.

— Comment l'as-tu su ?

— Au cours d'un point radio avec Tsahal.

— Ça a eu lieu où ?

— Pas très loin d'ici. À Tibnine. L'autre endroit, c'était à un check-point qui se trouve non loin de la frontière syrienne.

— Et ça s'est passé comment ?

— Dans les deux cas, les gars du Hezbollah se sont fait sauter avec une ambulance volée à la Croix-Rouge.

— Il y a eu des morts ?

— Quatre.

— Ils étaient de l'ALS ou de Tsahal ?

— De l'ALS. Je n'en sais pas plus. J'ai déjà dit aux autres d'ouvrir l'œil. Maintenant, tu es prévenu toi aussi. »

Favrier se tut. Il s'était plongé en lui-même avec une joie étrange. Enfin, de l'action ! Enfin, quelque chose se passait !

Depuis qu'il était arrivé à Ras-el-Bayada, il avait découvert avec une immense surprise combien les guérillas modernes ressemblaient peu à l'idée que l'on pouvait se faire de la guerre classique. La chaleur omniprésente, l'indolence de l'Orient, une routine émolliente, le sens du danger qui s'émousse et puis, soudain, une attaque qui claque comme un coup de foudre. En général, les dégâts matériels s'avéraient importants et il fallait hélas toujours déplorer des morts de chaque côté. « Dans les états-majors d'aujourd'hui, on appelle ça les conflits d'intensité basse ou moyenne », lui avait dit un jour Belleface, qui avait ajouté : « Et ça dit bien ce que ça veut dire : un conflit d'intensité moyenne, c'est-à-dire une guerre sans artillerie ni aviation, et donc sans vraie bataille, avec seulement des gus pour tenir le terrain et des snipers pour les dégommer, c'est une guerre qui ne dit pas vraiment son nom. Une guerre hypocrite, en somme. »

En réalité, songeait Favrier, lorsque l'on se trouvait sur le terrain et non dans un état-major, ce type de conflit s'apparentait plutôt à une guerre de positions, doublée d'une guerre d'usure. L'immobilité d'un côté, la fatigue des nerfs de l'autre. Les deux allaient d'ailleurs souvent de pair, se dit-il. Favrier pensa aux gars du check-point de Tibnine. Il leur avait rendu visite quelques semaines auparavant et il avait sympathisé avec l'un d'entre eux. Comment s'appelait-il, déjà ? Mawad. Oui, c'est cela, il s'appelait Georges Mawad et il était maronite.

Ce jour-là, il avait accompagné Belleface en jeep jusqu'à Tibnine, parce que le Vieux devait y donner des instructions au nouveau chef du poste de l'ALS. À Tibnine, il y avait cette magnifique forteresse, le château de Toron, qu'ils avaient vu soudain apparaître à la sortie d'un virage de la route en lacet, et qui dominait la vallée du haut de son éperon rocheux. Le château avait été bâti autrefois par les Croisés et il avait encore fière allure, avec ses murailles aussi hautes que profondes et ses tours crénelées qui se dressaient telles des sentinelles de pierre oubliées. Favrier avait voulu le visiter mais Belleface le lui avait interdit. « Trop dangereux. Il faudrait qu'on y aille à plusieurs pour te protéger. Tu feras du tourisme quand la guerre sera finie », avait-il dit.

J'espère que ce n'est pas Mawad qui tenait hier la barrière du check-point, pensa Favrier. Mawad venait de se marier, et il avait montré à Favrier avec fierté des photos de la noce qui s'était déroulée dans son village de montagne, non loin de Tibnine. C'était une noce typiquement maronite, avec des hommes portant des costumes sombres, à l'étoffe épaisse, ou des vestes blanches, avec des cravates ou des nœuds papillons noirs, et des femmes aux robes légères, dont les couleurs vives ou bariolées prenaient des teintes encore plus éclatantes sous le soleil. Elles s'agglutinaient entre elles, formant comme des grappes, et elles pouffaient de rire devant le photographe.

Sur les clichés, Favrier avait aperçu des façades de pierre et de jolies rues escarpées qui dévalaient vers la place où se trouvait non pas une mosquée, mais une église, dont le clocher de forme carrée rappelait ces campaniles que l'on voit dans les villages de la campagne toscane. Il était pratiquement impossible de discerner sur ces photos des traces de la guerre. Pourtant, Favrier le savait, Mawad avait demandé à quelques amis de venir armés et de se tenir en faction devant l'église pendant toute la durée de la cérémonie religieuse. Comme presque tous les Libanais, Georges Mawad avait des cheveux noirs et drus, coupés court, et une moustache épaisse au-dessus de la lèvre supérieure. Mais il avait les yeux bleus, ce qui était rare au Liban. Peut-être descendait-il de ces Croisés qui avaient entrepris de libérer les lieux saints quelques siècles plus tôt ?

Favrier rêva quelques instants sur ces soldats d'un autre temps. Il pensa qu'ils avaient dû ressentir un choc puissant, tous ces chevaliers venus de régions froides et hostiles, où les forêts étaient sombres et profondes et l'eau coulait à flots, lorsqu'ils parvinrent au Liban, en Syrie ou en Palestine, en découvrant ces paysages immémoriaux faits de rocs et de sable, chauffés à blanc par le soleil et si souvent rougis par le sang. À l'époque, les hommes se battaient déjà pour cette terre, et ils le faisaient déjà au nom de Dieu. La seule différence, pensa Favrier, c'est qu'ils étaient armés de glaives et d'estocs alors que nous nous battons aujourd'hui avec des fusils d'assaut et des grenades. Il entendit Belleface jurer.

« Merde, il est bientôt deux heures ! Favrier, c'est l'heure de ton tour de garde à la barrière.

— D'accord, répondit Favrier. Je me ressers juste un quart de café et puis j'y vais. » Il se leva et fit quelques pas jusqu'au réchaud. Puis il prit la cafetière et versa une rasade de café brûlant dans son quart en fer-blanc.

« Tu sais, le Vieux, ton café, il est toujours aussi bon, dit-il.

— Je sais, fit Belleface. Mais ce n'est pas une raison pour vider toute ma cafetière ! »

Ras-el-Bayada, le 6 mai 1985, 21 h 30

C'était une habitude qu'il avait contractée en Indochine. Elle ne l'avait pas quitté depuis près de quarante ans. Il se faisait le plus discret possible sur ce sujet car il savait que personne, chez Tsahal ou ailleurs, n'aurait pu la comprendre, et parce qu'il n'avait pas envie de devoir se justifier. Chercher et donner des raisons pour expliquer son désir d'oubli ? À quoi bon ? Qui savait ce qu'il avait vécu au cours de son existence ? Personne, ou presque. Qui était en droit de lui adresser un reproche ? Personne. Qu'ils y viennent, ceux qui voudraient me juger, je les attends, pensa-t-il.

Il était couché sur le flanc en travers de sa paillasse et il regardait la boulette noire se désagréger et grésiller sur les bords du fourneau de sa pipe qu'il présentait avec précaution à la flamme d'une lampe à huile. La veille, il s'était rendu dans la Chaoui Street, la principale rue du faubourg qui s'était construit en quelques mois à Naqoura, du nom d'un village de l'enclave, devant le Quartier général des Nations unies au Liban, où cantonnait un détachement d'un millier de Casques bleus, composé de soldats français, ainsi que d'une antenne médicale suédoise et d'un escadron d'hélicoptères italiens. Il avait rendez-vous avec Rachid, son fournisseur. Rachid était un chiite d'une quarantaine d'années qui faisait commerce de montres, d'appareils photo et de transistors pour les Casques bleus français. Son magasin, un baraquement bâti à la hâte avec des murs en parpaings de béton et un toit en tôle ondulée, était semblable à ceux de tous ses voisins, qui vendaient tous exactement les mêmes produits.

Mais Rachid vendait aussi de l'herbe et de l'opium. Il avait une sœur, qui paraissait un peu plus jeune que lui, mais Belleface n'aurait pu l'affirmer avec certitude parce qu'elle avait presque toujours le visage voilé. Il ne connaissait pas son prénom. C'était elle qui préparait, derrière un rideau de perles multicolores, les repas, à base de taboulé, de houmous, de salades de tomates et de fromages de chèvre, qu'elle apportait ensuite aux soldats dans un coin de la pièce où avaient été disposées de rares tables en bois, avec des bancs et quelques chaises, ainsi qu'un téléviseur qui trônait sur une étagère scellée contre un mur. Heureusement qu'il était toujours parvenu à se fournir en camelote au cours de ses affectations. Lorsqu'il servait en Israël, cela s'était révélé parfois très compliqué, notamment lorsqu'il avait été versé dans une unité implantée au fin fond du Néguev, c'est-à-dire loin de Tel Aviv, où l'on trouvait toutes les substances interdites. Mais Israël est un pays qui se traverse en une journée de voiture et il finissait toujours par obtenir ce qu'il cherchait. L'Indochine mise à part, l'endroit le plus facile pour acquérir de la bonne marchandise, c'était ici, au Liban : avec tous les champs de pavot de la Bekaa que cultivait le Hezbollah, l'opium était une denrée répandue au pays du Cèdre. Il suffisait de connaître un bon revendeur.

Belleface aspira une longue bouffée de fumée qu'il garda dans ses poumons. De sa main gauche, il se saisit d'une aiguille avec laquelle il transperça de part en part la boulette d'opium qui s'était reconstituée après avoir été chauffée, ceci afin de permettre à l'air de se frayer de nouveau un passage jusqu'au fourneau de la pipe. Puis il se renversa sur le dos contre sa paillasse et il attendit que la fumée pénètre dans ses poumons. Il se sentait déjà mieux. Les effets de la morphine contenue dans le chandoo agissaient presque instantanément. Il fixa du regard le haut de la moustiquaire qui était tendue au-dessus de son lit et dont l'un des pans avait été relevé sur le côté. À travers les mailles, il pouvait apercevoir le plafond du bungalow dans lequel il dormait. C'était un bungalow préfabriqué, qui avait été apporté par les hommes de la logistique israélienne quelques mois plus tôt, et directement posé sur des pilotis constitués de six parpaings de béton. C'était mieux que de dormir sous la tente, surtout lors des longues pluies d'orage de l'hiver qui creusaient des rigoles sous la bâche jetée à même le sol. Et cela lui permettait de se livrer en toute tranquillité à son occupation secrète dès que tombait la nuit.

C'était en Indochine qu'il avait découvert l'opium. Les Chinois de Cholon, ce quartier de Saïgon qui était à la fois un gigantesque tripot, un immense bordel et une fumerie réputée, en connaissaient toutes les subtilités. Mais c'était à Cao Bang, où il avait stationné pendant plusieurs mois avec le 3e REI, qu'il avait connu les plus grandes extases. La fumerie qu'il avait découverte là-bas par hasard, un soir de quartier libre, était tenue par un vieux Chinois sec et voûté, au visage émacié et sans expression, avec une peau aussi fine qu'un parchemin, toujours habillé de noir, qui évoluait tel un spectre dans la pénombre perpétuelle de son établissement et s'affairait sans émettre un seul bruit auprès de ses clients, s'agenouillant pour rallumer la flamme d'une lampe ou refaçonner la petite boule d'opium avant son chargement dans le fourneau de la pipe.

Belleface se souvenait. Il avait débarqué là un soir avec un de ses compatriotes, un légionnaire d'origine polonaise qui se nommait Slowacki, ayant avalé l'un et l'autre une bouteille d'alcool de riz après le dîner, pris sur le pouce au comptoir d'un boui-boui qui se trouvait dans une rue peu éclairée, sinon par l'enseigne lumineuse de cet établissement où l'on se restaurait debout. Après avoir ôté leurs képis qu'ils avaient placés à leurs pieds, puis desserré les crans de leurs ceinturons, ils s'étaient allongés l'un en face de l'autre, séparés par une travée où se trouvaient posées à même le sol deux lampes à huile, en observant et respectant le profond silence qui régnait dans la fumerie éclairée par quelques lampions aux parois de papier crépon. Adrian Slowacki, une brute épaisse, aux yeux bruns et aux cheveux taillés en brosse, avec un grand corps presque aussi large que haut, était parti au bout d'une demi-heure, sans finir sa pipe. Belleface était resté.

Ce soir-là, il avait fumé deux pipes, sans se presser, en s'étonnant de se sentir si bien, oublieux de toute nécessité comme du moindre sentiment de devoir. Il était rentré à l'aube au quartier, en plein couvre-feu donc, réussissant à échapper aux sanctions parce qu'il avait promis à la sentinelle du poste de garde de lui offrir dès le lendemain cinq tournées de bière au foyer de la compagnie. C'était le lieutenant Philippe qui commandait alors sa section, la première de la neuvième compagnie du troisième bataillon du régiment. L'adjudant de compagnie était corse et il s'appelait Cipriani, mais l'adjoint au chef de section était le sergent-chef Krauss, un ancien capitaine issu d'un escadron de blindés de la Wehrmacht, ayant servi un temps sous les ordres de Rommel dans l'Afrika Korps, qui s'était engagé sous un pseudonyme dans la Légion en 1945 et avait regravi les échelons l'un après l'autre sans rien dire. Krauss ne disait d'ailleurs jamais rien et Belleface n'était même pas sûr de pouvoir se souvenir du son et du timbre de sa voix. Si, peut-être, lorsque Krauss se dressait dans un de ces garde-à-vous spectaculaires dont il était coutumier, en faisant claquer ses talons après avoir reçu un ordre, et qu'il répondait d'une voix forte en articulant distinctement chaque mot : « Bien reçu, mon lieutenant », et tout cela en appuyant sur la troisième syllabe, avec son accent bavarois et sa voix rauque et caverneuse derrière laquelle on croyait entrevoir des gouffres enfouis. Il était grand et mince, mais vigoureux et athlétique, avec des yeux bleus et des sourcils fins, et il se rasait si bien le crâne chaque matin qu'il paraissait chauve. Du coup, tout le monde avait oublié qu'il était blond.

Krauss était mort sur la RC4, lors de l'évacuation de Cao-Bang, manœuvre qui tourna au désastre, en tenant le fusil-mitrailleur de leur groupe de combat et en couvrant la retraite de ses camarades qui tombaient l'un après l'autre, à la manière de ces cibles mouvantes que l'on abat avec une carabine à air comprimé à la fête foraine du village. Après avoir été frappé d'une rafale à la hanche et touché à la cuisse droite, Krauss s'était effondré au sol, mais il avait trouvé en lui la force de ramper jusqu'au FM dont le servant avait été tué, puis de se relever et, un genou en terre, de poursuivre le combat en attirant volontairement sur lui le tir des Bôdôis. C'était un vrai dur, ce chef Krauss, se dit Belleface. Je l'aimais bien, pensa-t-il. Krauss avait reçu quelques instants plus tard une balle en pleine tête. On n'avait même pas eu le temps de l'enterrer et il avait fallu abandonner son corps aux Viêts, après qu'un légionnaire, un grand Belge nommé Cléry, eut pu lui dégrafer sa veste de treillis pour lui arracher la plaque de matricule qu'il portait autour du cou. Belleface et tous les autres survivants de la section s'étaient juré de le venger. Dans les jours qui suivirent, avec l'accord du lieutenant, ils n'avaient pas fait de prisonniers. Mais personne n'avait su par la suite à qui envoyer la plaque de Krauss parce qu'on ne lui connaissait pas de famille.

Belleface soupira. Il n'y avait pas un souffle d'air dans la chambre. Par la fenêtre restée ouverte, contre laquelle avait été appliqué un voile de moustiquaire, on entendait des aboiements et des hurlements de chiens au loin. Des chiens en chasse qui se battaient pour un maigre butin. L'une des conséquences de la guerre, il s'en était fait la remarque à maintes reprises, c'étaient tous ces chiens qui avaient perdu leur maître et qui erraient aux abords des villes ou dans les campagnes, seuls ou regroupés en meute, étant revenus depuis longtemps à l'état sauvage. C'était le cas au Liban. C'était déjà le cas en Indochine. Il repensait à ce temps-là et il se disait en lui-même que toute cette époque avait été terrible. Et sans doute plus encore pour les familles, qui étaient, par principe, appelées à vivre, à croître et à se perpétuer, que pour les soldats, dont c'était le métier de mourir. Cela, il le savait mieux que quiconque. Dans la demi-conscience où il se trouvait encore, il se remémora ces mots de *L'Ecclésiaste* : « Car le sort de l'homme et le sort de la bête sont un sort identique : comme meurt l'un, ainsi meurt l'autre, et c'est un même souffle qu'ils ont tous les deux. » Et puis il y avait le verset suivant qui disait : « Tout s'en va vers un même lieu : tout vient de la poussière, tout s'en retourne à la poussière. »

Oui, pensait-il, *L'Ecclésiaste* avait raison, comme toujours. Entre la vie et la mort, il n'y avait au fond qu'une différence, et cette différence s'appelait la souffrance. Un temps pour vivre ; un temps pour mourir. La vie pour souffrir ; la mort pour oublier la souffrance. Là où il se trouvait, le chef Krauss ne souffrait plus, lui. Comme les autres hommes, il avait eu sa vie de souffrance. Et, comme les autres hommes ayant vécu avant lui, il avait été libéré de cette souffrance par la mort. La mort, c'était la garantie du repos éternel, la revanche de la poussière, la victoire du vent sur tout le reste. Car ainsi sont les choses et elles ont été ainsi de tout temps : le vent l'emporte toujours à la fin. Comme les autres, Krauss avait cru pouvoir être tout, ou une partie du tout, alors qu'il n'était rien. Qui se souviendrait du sergent-chef Krauss, qui n'avait ni famille ni enfants, et qui avait choisi de mourir au bout du monde sous un pseudonyme, comme s'il avait voulu s'assurer de ne laisser aucune trace derrière lui ? Belleface se sentit soudain très proche de ce soldat mort sur la RC4, un jour d'octobre 1950, sous un nom qui n'était pas le sien. N'était-ce pas son destin à lui aussi, de mourir dans un lieu reculé sous un nom d'emprunt, sans famille ni enfants ?

Ni ses parents, ni ses frères et sœurs, ni Ruth ne pouvaient plus penser à lui désormais, mais peut-être que Favrier se souviendrait de lui, se dit-il soudain. Et cette pensée provoqua aussitôt en lui un sentiment de profonde joie. Belleface se remit sur le flanc et approcha de ses lèvres l'embout de la pipe. Oui, peut-être qu'un jour Favrier se souviendrait de lui comme il se souvenait aujourd'hui du sergent-chef Krauss. C'était déjà bien de rester dans le souvenir de quelqu'un. Compter aux yeux d'une personne, cela voulait dire qu'on avait servi à quelque chose lors de notre passage sur terre.

Il tira une longue bouffée à la pipe de bambou qui ne l'avait pas quitté depuis l'Indochine. Il tenait là une idée qui lui plaisait et il avait bien l'intention de la garder en lui pour la considérer et l'examiner sous tous les angles lorsqu'il en aurait envie. Il réfléchissait tout en aspirant la fumée jusqu'au plus profond de ses poumons. Maintenant, il savait pourquoi Favrier lui avait plu d'instinct, dès le premier jour, lorsqu'il était arrivé il y a quelques mois à Ras-el-Bayada. Il y avait en ce jeune homme quelque chose de lui au même âge. Il n'aurait pas su dire quoi, mais il en était certain. Peut-être parce que Favrier était, sans qu'il le sache encore lui-même, de la race des soldats. Peut-être aussi parce qu'il ne cherchait pas à se protéger contre les coups que lui portait la vie et qu'il encaissait sans se plaindre. Favrier avait du cran, et il possédait cette qualité qui s'appelle la persévérance. Autrement dit, il avait la vocation du combat. Cela sautait aux yeux.

Certes, il était inexpérimenté, mais Belleface sentait brûler en lui la flamme qui fait les guerriers. Favrier n'avait rien de commun avec les maronites de son équipe, des pères de famille qui ne pensaient qu'à toucher leur solde dans l'unique intention de faire vivre leurs femmes et leurs nombreux enfants. Ceux-là s'étaient engagés dans l'ALS par nécessité matérielle. Ils étaient des fonctionnaires, ou tout comme. Rien à voir avec Favrier, qui semblait mû par une injonction impérieuse. Un idéal permet de pousser un homme jusqu'au bout de lui-même, jusqu'à ses dernières extrémités – et cela, c'était le territoire même des soldats, et leur quotidien en temps de guerre.

D'ailleurs, se disait Belleface, il est au fond assez naturel que j'apprécie ainsi Favrier. J'ai toujours bien aimé les catholiques depuis le jour où le père Tarkowski m'a sauvé la vie. C'était il y a plus de quarante ans. Cet homme-là, Belleface ne l'oublierait jamais. Pas plus qu'il ne se séparerait de la bible qu'il tenait de ce prêtre et qui l'avait accompagné jusqu'ici – cet ouvrage qui était ce qu'il possédait de plus précieux.

Il revit en pensée le visage du père Tarkowski, polonais comme lui. Sa silhouette un peu chétive, aux épaules courbées et affaissées, ses mains longues et fines, son visage maigre et sans joues, mal rasé, creusé par les jeûnes et les privations, avec un nez fort et des yeux d'un bleu si pur. Grâce à lui, Belleface avait échappé à la mort. Le père Tarkowski s'était sacrifié pour lui, qui était encore un adolescent à l'époque, alors qu'ils ne se connaissaient pas quelques instants plus tôt.

Il s'efforça de chasser ces souvenirs de son esprit. Chaque soir ou presque, cette scène lui revenait en mémoire et elle lui était toujours aussi insupportable. L'opium lui permettait d'y penser en atténuant les sentiments de colère et de souffrance qu'il éprouvait encore plus de quarante ans après les faits. Quand même, quel courage il fallait pour commettre un tel acte ! Et de quel don le père Tarkowski avait fait preuve ce jour-là, en lui offrant sa vie ! Il n'en existait pas de plus grand. Si tous les hommes étaient comme le père Tarkowski ou comme le chef Krauss, pensa Belleface, peut-être que la planète serait enfin habitable.

Il se renversa sur le dos. La drogue commençait à produire ses effets et il se sentait de mieux en mieux. Des souvenirs de sa mère, qui les avait tant aimés, lui vinrent à l'esprit. Il était l'un de ses cinq enfants, mais il était l'aîné. Et cela n'était pas un détail, d'être l'aîné : il est le premier à être mis au monde dans la souffrance par une mère, ce que jamais elle n'oubliera. Il s'était toujours senti le préféré. Non, pensa-t-il, cela était faux : elle aimait tout autant son petit dernier, qui s'appelait David. Elle lui passait tout, alors que leurs trois sœurs, Rachel, Sarah et Esther, n'étaient jamais laissées libres de leurs mouvements.

Belleface revoyait défiler dans sa mémoire quelques scènes de son enfance. Il se souvenait en particulier d'un anniversaire de David. Quand était-ce ? L'année de ses six ans ? Ou de ses huit ans ? Et quel cadeau David avait-il reçu cette année-là ? Il se rappelait très bien avoir profité de ce jour de fête pour faire une surprise à sa mère. Il lui avait offert un vase soliflore en cristal qu'il avait acheté avec la complicité de son père. Il se souvenait de la joie qui avait illuminé son visage lorsqu'elle avait découvert le subterfuge, et de la grâce avec laquelle elle avait posé le vase au centre de la petite table de bois où ils prenaient leurs repas en famille. Son père avait alors tiré de derrière son dos une rose rouge. C'était sa surprise à lui. Belleface se souvenait de l'émotion et de la confusion qu'il avait pu lire alors sur les traits de sa mère.

Puis, cachant son trouble, elle s'était aussitôt saisie de son violoncelle qu'elle avait réussi à emporter avec elle, et elle avait improvisé un concert pour sa famille. Au bout de quelques minutes, entendant à travers les murs, et par la fenêtre restée ouverte, les merveilleuses mélodies qu'elle parvenait à tirer de son instrument, des voisins avaient frappé à la porte de leur minuscule appartement et avaient demandé à pouvoir entrer pour écouter. Belleface avait laissé la porte ouverte et, à la fin de la composition musicale interprétée par sa mère, presque tous les habitants de l'immeuble s'étaient regroupés sur le palier, et jusque dans l'escalier des parties communes, pour écouter ces airs, pleins de gaieté ou de langueur. Plusieurs hommes pleuraient en silence ; d'autres avaient l'air concentré, mais ils laissaient parfois échapper un soupir et ne pouvaient retenir un tressaillement des épaules lorsque l'émotion devenait trop forte. Quelques femmes se tordaient les doigts ou laissaient reposer leurs mains sur leurs jupes de laine sombre et épaisse. Sa mère avait le don du bonheur et l'intuition de l'harmonie. Elle savait, comme nulle autre, tirer de la joie et de la beauté des instants les plus anodins de la vie. Dans sa jeunesse, elle avait été une musicienne réputée, premier violoncelle à l'orchestre de Varsovie, mais elle avait renoncé à donner des concerts quelques années après s'être mariée. Elle souhaitait, disait-elle alors, se consacrer à sa famille.

Belleface revit en pensée le doux ovale du visage de sa mère, ses grands yeux bruns et ses longs cheveux noirs qui formaient un puissant contraste avec la blancheur délicate de sa peau. Elle affectait une allure toujours discrète – comme si elle observait une forme de soumission volontaire derrière laquelle se dissimulait une grande force intérieure. Cet anniversaire de David avait été leur dernière réunion de famille heureuse. Il s'était tenu après la création par les nazis du ghetto de Varsovie, où sa famille avait été forcée de déménager alors qu'elle habitait jusque-là les beaux quartiers de la capitale, et avant les débuts de la déportation de tous les siens vers le camp d'extermination de Treblinka. Cette scène se situait donc entre les mois d'octobre 1940 et juillet 1942. David avait entre six et huit ans. Lui-même avait à l'époque entre treize et quinze ans.

Il s'efforça d'arrêter le flot des souvenirs. Il en connaissait trop bien le cours et il savait parfaitement sur quels rivages douloureux sa mémoire l'abandonnerait bientôt, battu, épuisé, sans souffle, tel un naufragé de la conscience, sans espoir de paix intérieure ni de rémission. Mais comment ériger un barrage face à sa propre mémoire lorsque celle-ci vous assaille ? Le combat est perdu d'avance. Il y a toujours une digue qui finit par céder, un mur qui rompt sous les vagues de souvenirs, et l'ennemi s'insinue alors dans la place.

Le Vieux essaya de repenser à Favrier. Il n'y parvint pas vraiment. Puis il pensa qu'il lui faudrait organiser dès le lendemain la défense du check-point pour parer à une attaque possible à la voiture suicide. Il se disait que ces dingues du Hezbollah étaient capables d'actions totalement irrationnelles, ce qui en faisait des adversaires redoutables parce qu'ils étaient imprévisibles. Rien à voir avec les Viêts, qui étaient tout aussi redoutables, mais qui observaient durant des mois les façons de manœuvrer du Corps Expéditionnaire français avant de tester plusieurs angles d'attaque jusqu'à ce qu'ils trouvent le bon. Et ils finissaient toujours par le trouver.

Belleface était déjà reparti en pensée vers cette autre période de son existence, sur laquelle il ne parvenait pas non plus à tourner la page. Celle du début de son âge d'homme. Celle qui avait décidé de son destin de soldat. Il se souvenait à présent de la façon dont les Bôdôis procédaient pour attaquer leurs convois sur la RC3 ou la RC4. La RC3 partait de Cao Bang et rejoignait Hanoï, en passant par Banc Kan et Thai Nguyen, alors que la RC4, qui longeait la frontière avec la Chine, reliait Lao Kay à Monkay, en passant par Lang Son, That Khé, Dong Khê et Cao Bang.

Ce n'était pas un hasard si la RC4 avait été surnommée « la Route de la Mort » par les légionnaires et les soldats de la Coloniale. Il y avait eu une période, entre 1948 et 1950, où la moindre escorte de convoi, même la plus nombreuse et la mieux armée, était assurée d'y perdre des hommes et du matériel. En embarquant dans les véhicules, sachant très bien qu'il y aurait de la casse, chacun se demandait si sa dernière heure n'était pas arrivée, mais on s'efforçait de ne rien laisser paraître, en faisant comme si le risque allait de soi et qu'il y avait juste un mauvais moment à passer avant que les choses ne reprennent leur cours. C'était une crânerie en forme de politesse : celle des hommes qui acceptent de mourir pour permettre aux autres, à ceux qui veulent vivre parce qu'ils ont peur de la mort, de poursuivre tranquillement leur existence. Celle, aussi, des hommes qui savent que la vie est une loterie, où certains sont servis d'entrée de jeu, dotés de bonnes cartes, et d'autres, qui reçoivent une mauvaise donne, perdent toujours à la fin de la partie.

Belleface se souvenait. Il y avait notamment quelques ascensions de cols, au cours desquelles les véhicules, toujours trop chargés, perdaient de la vitesse, devenant des cibles propices aux embuscades. À certains moments, compte tenu du degré de la pente, les camions ne roulaient pas plus vite qu'un homme se déplaçant en marche rapide. Il était alors si facile, pour les Bôdôis embusqués derrière les rochers ou dissimulés sous les frondaisons de la végétation, de tirer sur les légionnaires embarqués à l'arrière des camions, comme, à l'exercice, n'importe quel biffin peut faire un carton sur des cibles immobiles. Ces montées-là, c'était du gâteau pour l'ennemi, qui se bâfrait alors autant qu'il pouvait.

Et puis, lorsqu'on avait réussi, cela arrivait quand même, à passer sans encombre un col, il y avait ensuite la descente. Là, les Viêts avaient mis au point une autre technique. Postés en surplomb, ils visaient le pilote du véhicule et le chef de bord qui se trouvait à ses côtés. S'ils parvenaient à les abattre, le camion s'immobilisait en travers de la route, bloquant irrémédiablement le reste du convoi derrière lui, et c'était alors le carnage – sauf lorsque les soldats installés à l'arrière du camion en question parvenaient à s'en extraire malgré le feu nourri pour le pousser ensuite dans le précipice, dégageant ainsi la voie pour les autres. C'est pourquoi les Viêts visaient toujours les légionnaires placés dans les deux ou trois véhicules de tête. À l'époque, ces places-là, les plus redoutées, se jouaient aux dés ou à la courte paille. Au 3e Régiment Étranger d'infanterie, ce sinistre jeu de hasard avait un nom : on l'appelait la roulette de Cao Bang.

Pourtant, avec le recul, tout cela leur paraissait encore supportable, parce que c'étaient les aléas du métier, en comparaison avec ce qu'ils avaient vécu un peu plus tard, au cours de l'évacuation de Cao Bang, une opération sans espoir qui avait tourné à l'hécatombe dès les premiers affrontements avec le Viêt-minh. C'était pendant cette retraite épouvantable qu'ils avaient perdu leur chef de corps, le commandant Forget. Belleface se souvenait encore du récit que lui en avaient fait les quelques survivants qui se trouvaient à ses côtés ce jour-là, alors qu'ils tentaient d'effectuer la jonction avec les hommes du 1er BEP (1er Bataillon Étranger de parachutistes), qui s'étaient retrouvés pris dans le piège de Coc Xa, cette profonde vallée que dominaient de hautes falaises de pierre calcaire. Frappé par plusieurs balles dans la poitrine, le commandant avait trouvé la force de murmurer, avant de mourir à l'issue d'une courte agonie : « Allez dire à la Légion que je meurs comme l'un des siens. » Apprenant les circonstances de sa mort, tous les légionnaires du 3e Étranger encore valides avaient redoublé d'ardeur et de courage au combat, tout en pleurant intérieurement la disparition de leur chef, dont la fin ressemblait tant aux leurs.

Belleface se retourna sur le flanc et tira une courte bouffée sur sa pipe afin de ranimer les bribes de matière dispersées çà et là sur le fourneau. Puis, le bec de la pipe bien en bouche, il prit une profonde inspiration d'air qui fit grésiller la boulette d'opium. Il cala ensuite la fumée dans ses poumons et se retint de respirer pendant de longs instants. La fumée se diffusait lentement dans tout son organisme et il pouvait la sentir par moments chatouiller ses bronches. Il éternua sans le vouloir lorsqu'il expira brutalement pour reprendre son souffle.

C'était au cours de la bataille de la RC4 qu'il avait vu pour la dernière fois Ferrandi, qui fut sans doute son seul ami. Ce dernier avait trouvé la mort à Dong Khê, peu après que son unité eut été parachutée sur cette citadelle française élevée à quelque 150 kilomètres au sud de Cao Bang. Belleface revit en pensée le visage de Ferrandi, ses cheveux bruns et drus, son épaisse moustache et son menton en galoche. Ils s'étaient rencontrés quelques années plus tôt à Saïgon, tous deux fraîchement débarqués en Indochine, dans une échoppe de la rue Catinat, et ils s'étaient tout de suite entendus comme deux larrons en foire. Ils avaient fait la noce ensemble pendant trois nuits consécutives à Cholon, à se soûler à coups de lampées d'alcool de riz et de verres de Pernod avalés cul sec, claquant toute leur solde au cours de leur folle équipée, puis ils s'étaient revus de façon épisodique, en Annam et en Cochinchine, à la faveur des engagements de leurs unités respectives, et c'était toujours avec la même joie. Belleface avait alors l'impression de retrouver un frère, lui qui n'en avait plus.

La dernière fois qu'ils s'étaient croisés, c'était au nord du Tonkin, à Dong Khê, alors que la bataille de la RC4 avait déjà commencé, et ils avaient eu le temps de passer une soirée ensemble. Un légionnaire qui se nommait Nagy s'était joint à eux et ils avaient pris une cuite mémorable tous les trois, ne sachant pas s'ils seraient encore en vie le lendemain. À la différence de Belleface et Nagy, Charles Ferrandi servait dans la Coloniale, et il était considéré par tous comme un excellent soldat. Il avait commencé dans un régiment d'infanterie coloniale, puis il s'était porté volontaire pour suivre une formation de parachutiste. Il avait été affecté ensuite au 3e BCCP (3e Bataillon Colonial de commandos parachutistes), qui avait été anéanti par les régiments viêts à Dong Khê.

Belleface suivait le fil de ses souvenirs, déambulant dans les couloirs de sa mémoire. À chaque fois qu'il pensait à Ferrandi lui revenait à l'esprit ce chant que fredonnait son camarade et qui exprimait toute la mélancolie des soldats coloniaux. Ferrandi le lui avait tant seriné qu'il le connaissait par cœur. Les officiers français prétendaient souvent que les légionnaires et les coloniaux ne pouvaient s'entendre parce que l'on n'avait jamais vu plus d'un crocodile s'ébattre dans le même marigot. Or, la Légion et la Coloniale frayaient sur les mêmes terres. Mais tout cela était faux, songeait Belleface. En réalité, tout se passait comme si les officiers cherchaient à créer une rivalité entre les deux troupes.

Il chantonna avec autant d'émotion qu'il le pouvait les paroles de cette mélopée dont la mélodie lui déchirait le cœur.

« J'étais un soldat de Marine,
Je venais de m'engager pour cinq ans,
J'avais vingt ans, belle poitrine,
Comme dans le refrain du régiment.
Dans les bistrots près de Lourcine,
Les anciens m'en faisaient un plat,
Tu verras ce qu'est l'Indochine,
Écoute la chanson d'un soldat. »

Et puis après, il y avait ce refrain que Ferrandi entonnait de sa belle voix mélodieuse, en posant bien les intonations pour chaque mot prononcé, comme un chant grégorien qu'aurait interprété un moine soldat, et Belleface se souvenait d'avoir vu parfois une larme couler de l'œil de son camarade. Cela se passait ainsi les soirs où Ferrandi avait trop bu.

« Marie-Dominique,
Que faisais-tu à Saïgon ?
Ça ne pouvait rien faire de bon,
Marie-Dominique.
Je n'étais qu'un cabot clairon,
Mais je me rappelle ton nom,
Marie-Dominique.
Est-ce l'écho de tes prénoms,
Ou le triste appel du clairon ?
Marie-Dominique. »

D'où lui venait ce goût si affirmé pour les chants de soldats ? Il se l'était souvent demandé et, faute d'explication évidente, il avait fini par penser qu'il tenait cette disposition de sa mère et de son accoutumance aux mélodies que celle-ci tirait de son violoncelle. D'ailleurs, les airs qu'il aimait s'apparentaient à des ballades plutôt qu'à des chants d'assaut. Chanter en lui-même était une façon pour Belleface de ne pas se sentir seul. C'était comme une compagnie qu'il s'accordait.

Il fredonnait à présent une autre élégie de la Coloniale que lui avait apprise Ferrandi et qu'il aimait plus que tous les chants de la Légion réunis. Elle évoquait pour lui la douceur des petites congaïs, les arroyos plongés dans la brume, la moiteur pendant les pluies de mousson, la placidité des buffles à la peine dans les rizières, les paisibles silhouettes de sampans qui se balançaient mollement le soir au fond des rades. Ce chant était pour Belleface celui de son âge d'homme jeune. C'était son cantique de la nostalgie.

« Dans le port de Saïgon,
Il est une jonque chinoise,
Mystérieuse et sournoise,
Dont nul ne connaît le nom.
Et le soir dans l'entrepont,
Quand la nuit se fait complice,
Les Européens se glissent,
Cherchant des coussins profonds. »

Le Vieux se remit sur le dos. Il se sentait parfaitement bien désormais, au chaud dans ses souvenirs les plus précieux. Il entrait dans cette partie secrète de lui-même, la plupart du temps inaccessible, que l'opium seul lui permettait d'atteindre. Ici, il n'y avait plus la moindre trace de haine, de souffrance, de douleur. Il retrouvait le calme et la tranquillité de son enfance, un profond sentiment d'oubli, la paix de l'âme et des sens à laquelle il avait toujours aspiré. Et le refrain de la complainte des soldats coloniaux tournait en boucle dans son esprit, comme une rengaine intime, faisant partie de lui-même, inscrite dans les tréfonds de sa mémoire.

« Opium, poison de rêve,
Fumée qui monte au ciel,
C'est toi qui nous élèves
Au paradis artificiel.
Je vois le doux visage,
Les yeux de mon aimée,
Parfois j'ai son image
Dans un nuage de fumée. »

Maintenant, il se souvenait à nouveau de ses années en Pologne, qui avaient précédé la guerre, lorsque les membres de sa famille vivaient dans l'insouciance et que lui-même se nommait encore Ariel Perlman, né à Varsovie, de l'union de Samuel Perlman et Judith Wilner. Ses parents étaient des Polonais comme les autres, à cette différence près qu'ils vivaient dans l'aisance des familles privilégiées, respectant en tous points les codes et le mode de vie de cette grande bourgeoisie cultivée qui demeurait dans les beaux quartiers de Varsovie. Il revoyait en pensée la surprise d'un de ses camarades de classe en découvrant le bel appartement dans lequel ils vivaient alors, où chacune de ses sœurs disposait d'une chambre, et lui aussi. À l'époque, seul David dormait encore dans la grande chambre de ses parents.

Leur père était médecin et il donnait ses consultations dans le cabinet qu'il possédait au rez-de-chaussée de leur immeuble. C'était un beau cabinet, avec un parquet de chêne à bâtons rompus, recouvert d'épais tapis d'Orient dans la salle d'attente. La pièce destinée aux consultations des patients était lambrissée de boiseries d'acajou. Contre le mur du fond, derrière le bureau en loupe d'orme de son père, trônait une monumentale bibliothèque, avec des portes vitrées à travers lesquelles on pouvait distinguer la fausse monotonie des reliures en maroquin recouvrant des traités de médecine et des ouvrages savants. Au-dessus de la bibliothèque se trouvait exposé un kabuto, casque de samouraï de la fin du XIXe siècle. C'était un casque d'apparat en métal forgé, riveté par endroits, laqué de noir dans sa totalité, auquel était joint sur sa base arrière un shikoro, constitué de lamelles d'acier nouées entre elles par une passementerie noire et destiné à protéger des coups de sabre la nuque du bushi. Deux cornes pointues en bois doré, dressées telle une double hampe de licorne au-dessus de la visière, ornaient le fronton de ce casque qui l'avait fasciné durant toute son enfance et son adolescence.

D'où venait cette antiquité improbable, témoignage de tant de combats anciens, lointains et oubliés ? Lorsqu'il interrogeait son père sur la provenance de ce casque, celui-ci se bornait à répondre qu'il servait à faire se tenir cois les enfants récalcitrants lors de ses consultations. Il avait dû l'acquérir auprès d'un antiquaire de Varsovie au début de l'exercice de sa profession. Belleface avait passé des heures de son enfance, assis en tailleur, à contempler ce casque, chaque jour en fin d'après-midi, lorsqu'il rejoignait son père dans son cabinet, après le départ du dernier patient, et que la pénombre envahissait la pièce peu à peu, donnant au kabuto des airs mystérieux et inquiétants.

Son père lui disait souvent qu'il aurait aimé lui transmettre la passion de la médecine, que lui-même avait héritée de son propre père, vieil homme aveugle qui se tenait en permanence courbé, comme s'il était condamné à porter sur ses épaules toute la douleur du monde, peut-être parce qu'il était toujours au service des autres, ce vieillard aux yeux sans vie, mais dont les mains et les doigts pouvaient détecter, par une simple palpation du corps, presque tous les maux, même intérieurs, dont souffraient ses patients. Le père de Belleface lui expliquait, pour essayer de le convaincre, que le métier qu'il exerçait n'en était pas un, en dépit des apparences, car il correspondait à une vocation, à l'instar de celle que suivaient les hommes de Dieu ou ceux qui avaient la guerre pour profession. Il ajoutait alors, en prenant doucement la main de son fils et en lui caressant la paume comme il en avait pris l'habitude pour lui témoigner son affection, qu'il disposait d'une belle clientèle accompagnant le cabinet, qu'il s'était constituée à force de labeur et d'exactitude dans ses diagnostics, et qu'il aurait été heureux de la lui transmettre.

Mais, dans les tréfonds de son être, Belleface n'était pas certain de vouloir un jour ausculter les femmes et les enfants de la bourgeoisie de Varsovie. Et tu sais très bien pourquoi, se dit-il soudain, avec une espèce de rage rétrospective qu'il ne pouvait refréner et qu'il se reprochait en même temps : tout cela te rebutait, tout cela te désolait, mais tu n'osais pas le dire à ton père, de peur de lui causer de la peine. C'est l'une des lois de l'adolescence que de ne pas comprendre la vérité des adultes. Son père voyait une forme d'ascèse et d'oubli de soi à se pencher sur les autres pour essayer de les soigner là où Belleface croyait distinguer la manifestation d'une faiblesse.

En vérité, il se sentait déjà appelé ailleurs, mais il n'aurait su à l'époque dire où ni par quoi. Le casque de samouraï, avec son monde perdu, plein de souvenirs d'héroïsme, de blessures initiatiques, de prébendes à profusion et, il le pressentait déjà, de courage dilapidé, l'intéressait bien davantage que la riche clientèle de son père, si diverse par les maux dont elle était frappée, à l'image de cette humanité de souffrance qu'il s'efforçait de soulager.

Mais, cela, il ne pouvait le dire à personne dans sa famille. Contempler un heaume n'est pas un métier. Et pourtant, il se prenait toujours à rêver dès qu'il observait ce casque dont la beauté l'émouvait davantage que toutes les œuvres d'art qu'il connaissait. Plongé dans une songerie sans fin, il s'imaginait alors des combats farouches dans des palais légendaires et des décors d'Extrême-Orient, où régnait le bushido, ce code de l'honneur, avec ses préceptes et ses rituels immuables, qui régissait l'existence des samouraïs. Il se sentait si proche de ces vertus d'une autre époque, fondées sur le respect de la parole donnée, le souci de l'esthétique et le mépris du danger.

Tout cela, il l'avait retrouvé lorsqu'il s'était engagé après la guerre dans la Légion étrangère, puis dans les rangs de Tsahal. Au fond, il ne regrettait pas ce qu'il avait fait de sa vie. C'était la sienne, il avait appris à vivre avec elle, et il ne voyait pas trop ce qu'il aurait pu faire d'autre. Le bonheur ? Il ne l'avait jamais vraiment connu – même pas avec Ruth. Trop de menaces pesaient sur leur amour. Il se fit la réflexion qu'il appartenait à un peuple et à une génération qui n'avaient connu que la guerre depuis un demi-siècle.

Il avait, malgré tout, été heureux comme jamais au cours de ses années d'enfance à Varsovie. Il régnait dans sa famille un esprit de tolérance, le goût des questions philosophiques, une disposition naturelle pour la conversation et un profond sentiment de liberté. Son père et sa mère s'étaient affranchis des lois et des rites du judaïsme et ils avaient été élevés, son frère, ses sœurs et lui, dans l'oubli de la religion de leurs ancêtres. Il n'avait aucun souvenir de la synagogue de Varsovie, n'y ayant jamais été conduit par ses parents, pas même à sa naissance puisque ni son frère ni lui n'avaient été circoncis.

Au fond, il ne s'était jamais senti juif avant qu'on ne l'oblige à porter une étoile jaune sur ses vêtements. Aujourd'hui encore, il se demandait parfois s'il l'était vraiment, ne respectant pas plus que ses parents la loi des siens. Il savait qu'il l'était uniquement parce qu'on le lui avait signifié avec tant de violence et que sa famille avait été assassinée pour cette raison. Mais il avait la certitude, en revanche, et cela bien qu'il n'eût plus de famille, qu'il lui fallait, puisqu'il avait été doté de l'instinct et du goût du combat, défendre les siens. C'est-à-dire défendre Israël et son peuple. C'est pourquoi il avait pris la décision, étant parvenu au terme de son contrat d'engagement avec la Légion et après avoir passé deux ans dans un kibboutz, de rejoindre en 1953 les rangs de l'armée israélienne naissante.

Il perdait pied peu à peu, sombrant dans une sorte de sommeil éveillé. Grâce à l'opium, il avait l'impression que ses sens et ses pensées s'engourdissaient pour toujours. Il ne ressentait plus rien – et plus rien ne pouvait l'atteindre parce que plus rien n'avait d'importance. Ses vieilles blessures à l'âme, même les plus profondes, ne le faisaient plus souffrir car elles n'avaient pas de prise sur lui. Couché sur le flanc, il tira une dernière bouffée sur sa pipe. Puis il posa ses lunettes sur la caisse de munitions où reposait un ventilateur éteint et il se redressa en s'aidant de ses coudes. Il se cala dans son lit, bien assis, un traversin derrière lui, le dos contre le mur, prêt au combat. Comme chaque nuit depuis tant d'années. Maintenant, il était prêt à affronter ces images de violence et d'effroi qui le hantaient depuis qu'il avait vu, dans le camp de Treblinka, mourir ses parents, ses sœurs et son frère. Ils avaient péri sous ses yeux et il n'avait rien pu faire pour s'y opposer, lui qui s'était ensuite battu sans jamais s'arrêter. Oui, à présent, il était prêt. Et il revit sans ciller cette scène qui s'invitait tous les soirs dans ses songes.

Ras-el-Bayada, le 6 mai 1985, 23 h 55

Favrier venait de prendre son tour de garde dans le mirador avec cinq minutes d'avance sur l'horaire prévu. Le rythme des journées était immuable pour tous les hommes du check-point : deux heures de garde, suivies de deux heures de repos. Il y avait quelque chose de rassurant dans cette monotonie que connaissent les sentinelles de toutes les armées en temps de guerre. Trompeuses apparences : c'était une cadence qui, au bout d'un certain temps, se révélait exténuante et vous détraquait l'organisme. Particulièrement la nuit.

De fait, il était à peu près inutile de chercher à s'endormir après la vigilance et l'attention de tous les instants que requiert une faction de deux heures dans une obscurité profonde, entouré par le faux silence du désert. À peine Favrier finissait-il, après avoir entamé son temps de repos, par plonger dans un mauvais sommeil agité, la gorge sèche et les yeux brûlants de fatigue, que l'on venait déjà le réveiller, et il lui fallait, tout en agrafant autour de son torse le brêlage auquel étaient accrochées ses cartouchières et sa baïonnette, avaler d'un trait un quart de café brûlant pour avoir l'impression de reprendre ses esprits. En réalité, le café faisait son effet quelques heures plus tard. Ces veilles de nuit, heurtées, entrecoupées, hachées, étaient vite devenues une épreuve pour lui comme pour tous les autres hommes de l'équipe. Dans la journée, à l'inverse, il tombait comme une masse sur sa paillasse entre deux factions depuis que la chaleur avait fait son retour. Rien ne pouvait alors l'empêcher de ronfler la bouche grande ouverte, pas même le bourdonnement d'innombrables mouches autour de son visage.

Lors de ses premières gardes de nuit, il éprouvait comme une appréhension chaque fois que venait son tour de prendre position dans le mirador. Là-haut, à dix mètres du sol, plongé dans une obscurité totale, il se sentait désemparé, plus seul et plus nu qu'il ne l'avait jamais été au cours de sa vie, et il savait que tel était le cas, puisqu'il se tenait debout, sans autre protection que celle d'une maigre paroi en tôle ondulée lui montant jusqu'au niveau de la ceinture, ne sachant d'où pouvait venir le danger, aveugle qu'il était dans le noir, et dans l'incapacité de pouvoir se défendre puisqu'il était interdit, sauf en cas d'urgence, de recourir aux projecteurs fixés sur deux poteaux du mirador. C'était une très étrange impression qu'il éprouvait alors : celle d'être aussi fragile et chétif qu'un nouveau-né, à la merci du mauvais sort, qui pouvait prendre la forme de n'importe quel homme armé dans les ténèbres d'un fusil doté d'une lunette à infrarouge.

Mais la perception du danger est un sentiment auquel on s'habitue assez vite – et c'est sans doute la raison pour laquelle les soldats de métier sont capables de faire preuve de courage ou d'héroïsme sans s'émouvoir outre mesure. Au bout de trois ou quatre semaines, Favrier s'était fait à l'idée de pouvoir recevoir une balle en pleine tête sans autre explication que celle d'une décision du destin. C'étaient les règles de ce jeu auquel il avait accepté de participer et elles lui allaient très bien. Il était en train de devenir un soldat.

Dans ces moments de grande solitude, au cours desquels il n'y avait rien d'autre à faire que de s'efforcer de rester attentif, il se laissait parfois aller à rêvasser, ayant alors le sentiment que l'avenir lui ouvrait les bras, ou à se souvenir, lorsqu'il était soudain pris par la mélancolie et le mal du pays. Il pensait souvent à sa famille, bien plus souvent qu'il ne l'aurait imaginé quelques mois plus tôt, à ses parents et à sa sœur cadette qui vivaient non loin de Fontainebleau, dans cette grande maison de briques et de pierres de Barbizon, où le quotidien était rythmé par la présence des chevaux et la constante attention qu'ils exigent.

Sa mère avait transformé cette propriété, qui leur venait de son père, en club hippique, et elle l'avait baptisé la Gorge aux Archers parce qu'un étroit défilé de rochers de grès s'y trouvait, implanté par un étrange caprice de la nature au milieu d'un vaste territoire constitué de collines de sable et d'amas de rocs, où s'élevaient des bouleaux, des pins sylvestres, de rares chênes sessiles, et de grandes étendues de bruyères. Son père, qui exerçait la profession d'avocat à Paris, était peu présent. En règle générale, il revenait à la Gorge aux Archers le samedi matin et repartait pour Paris le dimanche soir.

C'était donc leur mère qui s'occupait de Favrier et de sa sœur Anne. Elle leur avait inculqué le goût des grands espaces et de la vie à l'air libre. Elle leur avait aussi enseigné les quelques règles simples et universelles d'une existence droite et intègre : le courage, le sens de l'honneur et le souci de l'humilité. Elle était très pieuse et vivait sa foi au jour le jour, s'efforçant d'appliquer à la lettre les préceptes des Évangiles. C'était l'une des raisons pour lesquelles Favrier avait toujours eu l'impression d'étouffer au milieu des siens : la règle de vie qui régissait leurs existences était trop ardue et élevée pour lui. Et il s'était souvent demandé si les longues absences de son père n'étaient pas dues à cette extrême exigence imposée par sa mère. Mais cela n'était resté qu'une hypothèse dans son esprit parce qu'il n'avait jamais osé aborder le sujet avec son père.

Alors qu'il avait entrepris dès son adolescence de s'éloigner de sa famille, éprouvant au fond de lui la nécessité de prendre du champ, obtenant de ses parents, après de longues discussions, d'être envoyé en pensionnat à Paris, comme s'il lui fallait, pour s'épanouir, respirer un autre air, plus vicié, que celui qui régnait chez les siens, préférant aller danser et se soûler dans les boîtes de nuit de la capitale avec toute une joyeuse clique de noceurs plutôt que de monter à cheval ou lire autour d'un feu de cheminée, il s'étonnait d'avoir oublié si vite ces derniers depuis son arrivée à Ras-el-Bayada. C'est à peine si, de temps à autre, le visage d'un de ses comparses de fête lui revenait en mémoire. En revanche, il y avait un visage qu'il ne parvenait pas à oublier et qui occupait son esprit dès que revenait chaque tour de garde. C'était celui de Claire, qui avait été plus que tout pour lui, sa raison de vivre. Claire qui n'était plus là parce qu'elle avait souhaité, à la fin, ne pas lier son existence à la sienne.

Il se souvenait de ce soir de juin, à Paris, au cours duquel il avait compris que sa vie ne serait plus jamais la même. Un soir d'évidence, songea-t-il, un soir comme il en existe peu dans une vie. Il s'était rendu à une soirée qui se tenait dans un bel hôtel de l'avenue Franklin-Roosevelt. Le fond de l'air était tiède, ce soir-là, sans un souffle de vent, et l'on pouvait entendre les roucoulements des pigeons ramiers dans les marronniers en fleur ainsi que leur chahut dans les branches dès qu'un mâle s'approchait de trop près d'une femelle. Il flottait dans le jardin de l'hôtel un parfum de chèvrefeuille et de glycine provenant d'un enchevêtrement de plantes et d'arbustes qui avaient grimpé le long des grilles de l'avenue. Une trentaine d'invités avaient déserté les salons de réception à cause de la chaleur et se pressaient à l'extérieur. Certains se tenaient debout sur les marches du perron, d'autres assis dans de grands fauteuils en teck ou en osier, profitant de la douceur d'une belle soirée de printemps parisien. C'était la troisième ou quatrième fois qu'il la voyait. Après, c'est-à-dire quelques mois plus tard, lorsqu'ils en furent arrivés au stade où deux amants s'avouent tout, du moins tout ce qu'ils pensent pouvoir se dire, elle lui avait affirmé qu'elle n'avait regardé que lui ce soir-là. En réalité, et il s'en souvenait très bien, elle ne lui avait pas jeté un regard. La duplicité des femmes.

Il se souvenait très bien aussi de la robe de soirée qu'elle portait ce jour-là, une robe de couleur grise, dont la soie brillante prenait toute la lumière et renvoyait par moments des reflets argentés, une robe moulante qui collait à son corps et sculptait ses formes parfaites. Sur le coup, il en avait été presque choqué, ne sachant trop s'il était gêné par ce qu'il prenait pour de l'impudeur, lui qui était au fond assez prude, à moins qu'il n'éprouvât comme un début de jalousie, ou plutôt un sentiment de possession, alors qu'il n'existait rien entre eux. Comment une si jolie femme pouvait-elle exposer sa beauté ainsi ? Claire ne pouvait pas ne pas savoir qu'elle était belle et désirable. Comment une femme qui se prétendait à la recherche de la vérité, de la profondeur, de l'essentiel, pouvait-elle dévoiler ainsi une féminité si exquise, si parfaite, si unique, aux yeux de tous ?

Il n'écoutait rien de ce qu'on lui disait ce soir-là, et, d'ailleurs, il ne se souvenait même plus de ceux qu'il avait pu croiser ou rencontrer lors de ce cocktail. Il la regardait. De toutes ses forces, il la regardait, et c'était comme s'il cherchait à se cogner contre elle, au risque de se faire mal, se cogner contre ce corps dont il voulait sentir à la fois la douceur de la peau et la dureté des os. Se cogner contre elle et s'encastrer en elle. Se fondre en elle. Se dissoudre en elle…

Soudain, il entendit du bruit à une trentaine de mètres de lui, un bruit furtif qu'il ne parvint pas à identifier. Était-ce un homme ou un animal qui avait fait trembler ainsi les buissons ? Ce ne pouvait être le vent : l'air était immobile. La lune éclairait la nuit d'une lumière froide et métallique et, ce soir-là, on y voyait presque aussi bien qu'en plein jour. Il resta sans bouger pendant un long moment, tous les sens en éveil, avec une attention extrême, tenant son fusil d'assaut à la hanche, la sangle à l'épaule, prêt à toute éventualité. Il se demanda un instant s'il fallait armer son M16. Mais l'armer, cela voulait dire faire du bruit et signaler sa présence. Il conclut que non. Il aurait bien le temps de le faire s'il était attaqué.

Et puis il n'y avait rien. Il en était convaincu à présent. Rien que lui perdu dans le désert, sous le ciel immense de cet éternel Orient, avec ses camarades qui dormaient un peu plus bas, des hommes qu'il ne connaissait pas quelques semaines plus tôt, mais pour qui il aurait donné sa vie ce soir, ou demain, et même après-demain, s'il le fallait. Pourquoi ? Il n'aurait su le dire mais il sentait qu'il y avait derrière cet élan quelque chose de confus et de mystérieux qui le dépassait. Il faudrait qu'il y réfléchisse un jour. Quoi qu'il arrive, il ne regrettait pas d'être ici, à Ras-el-Bayada, en ce lieu oublié des hommes, antichambre de l'enfer tant il y faisait chaud, parce qu'il n'en pouvait plus de sa vie de Parisien harassé. Allons, se dit-il, ce devait être un animal qui avait dû se faufiler ou glisser entre les buissons. Il reprit le cours de ses pensées, essayant de renouer le fil rompu de sa rêverie et de revenir dans le charme et la douceur de ses souvenirs, à l'endroit précis où il les avait laissés.

Oui, c'était cela. Il se souvenait très bien de ce qu'il avait ressenti ce soir-là devant Claire. Être en elle et qu'elle fût en lui, et ce pour toujours : voilà ce qu'il voulait et il ne voulait que cela – et rien d'autre n'avait plus d'importance à ses yeux, ni le temps qui passe ni le lieu où il se trouvait, pas même sa propre personne et encore moins son avenir qui ne pouvait qu'être médiocre sans elle. Vivre en elle et tout oublier. Vivre en elle et puis mourir. L'amour est la rencontre de deux corps jetés l'un contre l'autre. L'amour est un choc. Un coup brutal. Puis une lutte sans merci.

Jamais, de toute son existence, il n'avait ressenti un tel trouble devant une femme. Jamais il n'avait croisé une femme dont le corps, le maintien, les gestes, la voix, qu'il entendait de loin en loin dans le brouhaha des conversations, lui parlait ce langage qui était celui des rêves de son enfance et de son adolescence. En elle s'incarnaient toutes les femmes. En elle se trouvait la terre promise qu'il cherchait depuis si longtemps. Il était plongé dans une forme de félicité douloureuse, une sorte de joie très profonde mais déjà inquiète, et, en même temps, il ne s'était jamais senti aussi sûr de lui – lui qui doutait tant de lui-même. Il tournait autour d'elle et c'était comme s'ils engageaient un dialogue par gestes à travers leurs mouvements – dialogue sans cesse contrarié par la foule qui les entourait et s'interposait entre eux. Mon Dieu, que n'aurait-il donné pour être seul avec elle ! Sur le moment, il s'en souvenait avec la précision de ces amants qui s'attardent ensuite sur un détail où ils discernent autant d'indices que de symboles, il en souffrait presque de ne pouvoir l'avoir pour lui seul. Non, en vérité, il fallait bien se l'avouer, et ne pas réécrire l'histoire, il en avait souffert terriblement. C'était une profonde souffrance de l'esprit pour lui que de la voir s'amuser avec d'autres. De devoir la partager, en quelque sorte, avec les autres.

Ce soir-là, en rentrant chez lui, il l'avait imaginée nue sous sa robe. Il se la représentait très bien par la pensée, tant son vêtement ne cachait rien des reliefs de son corps. Il s'était vu faisant tomber les bretelles de cette robe longue qui le rendait fou de désir, puis découvrant lentement, très lentement, son corps admirable, avec ces larges épaules immobiles et bronzées qui formaient comme une ligne d'horizon, son nouvel horizon, ce ventre plat et ces jambes puissantes et interminables qui la rattachaient à la terre, et il était heureux de se sentir, à travers elle, enfin enraciné quelque part – et le grain si fin de sa peau lui faisait perdre la tête, cette peau qu'il avait envie de caresser, de respirer, de couvrir de baisers en chaque endroit, sans en oublier le moindre recoin. Ce soir-là, il avait eu honte de lui. L'imaginer ainsi, c'était comme s'il la profanait par la pensée. Or, cela lui était insupportable. Il avait compris alors qu'il était tombé amoureux d'elle.

Il regarda sa montre à la lueur de la lune. Bientôt deux heures du matin. Il lui restait un quart d'heure de garde avant qu'on ne vînt le relever. Il pensa au Vieux, qui devait être en train de dormir, affalé sur son lit de camp, le ventilateur posé à même une caisse de munitions vide et orienté en direction de son visage. Quand même, pensa Favrier, c'était un sacré type, ce Belleface. Plus le temps passait et plus il l'appréciait. Parfois, il avait comme le sentiment de reconnaître en lui son oncle Guy, un des frères de son père, celui qui avait fait les trois guerres, celle de 39-45, dans la Résistance d'abord, puis avec la 1re Armée de De Lattre, était ensuite parti, après une rapide formation d'officier à Saint-Cyr, pour l'Indochine, où il avait intégré la Coloniale en optant pour le bataillon parachutiste de Bigeard, puis, ayant été fait prisonnier à Diên Biên Phu par le Viêt-minh, avant d'être libéré dans un sale état, avait enchaîné sans un instant de répit avec l'Algérie. Favrier aimait bien cet oncle, car il avait de la prestance et du coffre, ce qu'on appelle une gueule, avec sa grande taille, ses larges épaules, sa fine moustache et son port de tête hautain, mais aussi parce qu'il avait toujours fait preuve de courage, allant jusqu'au bout de ses convictions, quel qu'en fût le prix. En 1961, lors du putsch des généraux à Alger, l'oncle Guy avait choisi la rébellion contre de Gaulle alors que le second frère de son père, son oncle Yves, alors capitaine dans un régiment d'infanterie métropolitaine, avait sagement choisi de suivre l'attentisme de ses chefs qui s'étaient bien gardés de prendre position.

Bien qu'ils fussent d'un physique très différent l'un et l'autre, puisque Belleface avait un visage rond, un léger embonpoint et un début de calvitie alors que son oncle était sec comme un coup de trique, Favrier songea qu'il y avait d'autres points communs entre eux. En particulier leurs yeux. Ceux du Vieux étaient noirs quand ceux de son oncle Guy étaient gris mais, dans les deux cas, on pouvait par moments y entrevoir des gouffres. Favrier s'était souvent dit qu'ils avaient l'un et l'autre les yeux de ceux qui ont vu la mort de trop près. Comment décrire cela ? Il y avait quelque chose de triste et d'éteint dans leur regard, une dureté aussi, qui évoquait le fil tranchant d'une épée, même quand leurs lèvres esquissaient un sourire. C'étaient des yeux qui faisaient froid dans le dos. Rien à voir avec ceux de Claire, qui étaient d'un brun de velours.

Elle avait une peau mate, au grain très fin, plus serré que le plus dense des tamis, une peau faite pour l'air libre qui attirait les rayons solaires et s'en nourrissait, alors qu'elle s'asséchait et durcissait dans de semblables circonstances chez toutes les autres femmes qu'il avait connues avant elle. Il en était fou. Il en était dingue.

Tout cela l'avait attaché à elle pour toujours. L'amour n'est-il qu'une question de peau ? Est-il simplement l'élan de deux épidermes qui se rencontrent par hasard, se touchent, s'émeuvent, et décident, pour le meilleur ou pour le pire, de vieillir ensemble – ou non ? Favrier le savait très bien : après tout ce qu'il avait connu avec Claire, il pouvait mourir. Non parce qu'il avait tout connu – loin de là : il lui restait tant à apprendre – mais parce qu'il avait eu sa dose de vie heureuse avec elle. Favrier croyait dur comme fer que le bonheur vous est compté sur terre. Or, il avait eu son compte. Il pouvait mourir maintenant. Tout ce qui lui arriverait désormais serait en plus.

Combien d'hommes aiment vraiment leur femme ? Il s'était si souvent posé cette question. Y avait-il un homme qui avait vénéré sa femme autant que lui avait aimé Claire ? Non. Cela était impossible. Chaque fois qu'il regardait Claire, il avait le sentiment d'être au cœur de la vie, de la seule vie qui vaille, celle qui marche dans la vérité. De sa vie à elle, mais aussi de la sienne – mais il ne voulait même pas considérer ce point de vue de crainte d'introduire un élément impur dans leur amour. Cela n'arrive sans doute qu'une fois dans une existence – et ceux qui n'ont pas rencontré ce véritable amour n'ont pas vécu.

Favrier fut soudain pris d'un accès de mélancolie. Qu'était-il venu foutre dans tout ce merdier ? Pourquoi, à cet instant précis, n'était-il pas tranquillement installé dans le salon de la Gorge aux Archers, à observer par la fenêtre la progression des bourgeons sur les branches des arbres fruitiers qui avaient été plantés dans le clos longeant la façade arrière de la maison ? Il vit en pensée cette scène, qu'il connaissait par cœur : sa mère apportant sur un plateau des infusions et des digestifs, son père observant le silence, plongé comme toujours dans un livre, tandis que sa sœur soupirait en se demandant ce qu'elle ferait le lendemain. Favrier était des leurs. Il faisait partie intégrante du tableau représentant une famille française comme il en existe tant d'autres. Mais il avait souhaité changer de décor. Il ne savait pas encore, à la différence des grands peintres, que le décor ordonne le maintien et l'existence des êtres qui y évoluent.

À cet instant, il entendit une pierre rouler dans la pente. Le bruit provenait du chemin qui menait au mirador. Cette fois, ce ne pouvait être le vent ni un animal qui avaient fait tressaillir les buissons. Il était tout aussi improbable qu'une chèvre fût à l'origine de ce bruit car il aurait reconnu auparavant le son des sabots heurtant la rocaille qui affleurait à la surface de la terre sèche. Il fut aussitôt sur ses gardes et, dans un éclair de conscience, s'étonna de ne pas avoir peur. Cette fois, il avait armé d'instinct son M16 et, en moins d'une seconde, avait relevé son fusil d'assaut jusque sous le menton, calant la crosse au milieu de sa poitrine, comme le lui avait enseigné Belleface, en position pour un tir au jugé. Il eut l'étrange impression que le cliquetis causé par l'entrée d'une cartouche dans le magasin de son fusil résonnait et emplissait la nuit, signalant ainsi sa présence à l'ennemi. Il était prêt, concentré sur l'instant, jusqu'à l'extrémité de lui-même. Pour la première fois de sa vie, il sut qui il était vraiment. Le sang coulait à fond dans ses veines, et tout son esprit était en éveil, au plus haut de ses capacités. Jamais il ne s'était senti aussi plein d'intensité, de force et de confiance. Rien de mauvais ne pouvait lui arriver.

« Déconne pas Favrier, c'est moi ! »

Il reconnut la voix de Belleface.

« Qu'est-ce que tu fous là ? cria Favrier en se penchant au-dessus de la rambarde du mirador.

— Tu permets ? C'est à moi de te demander pourquoi tu armes ton fusil contre moi. »

Le Vieux pestait et soufflait en gravissant les derniers mètres du sentier.

« Je monte la garde ! répondit Favrier. Et tu n'as pas signalé ta présence !

— Je faisais juste une ronde. Je voulais m'assurer que tu ne dormais pas.

— La prochaine fois, préviens de ton arrivée ! J'aurais pu te descendre. »

Belleface était arrivé au pied du mirador.

« C'est vrai que tu n'as pas fait de sommation, dit-il.

— J'aurais voulu t'y voir », répondit Favrier. Il était furieux.

« Allez, viens fumer une cigarette avec moi, fit Belleface. Je t'ai apporté une cannette de Coca.

— Ok. J'arrive. »

Favrier souleva la trappe du mirador et descendit le long de l'échelle. Belleface était en train d'allumer une cigarette lorsque Favrier posa un pied sur le sol.

« Pourquoi tu t'inquiètes comme ça ? demanda-t-il.

— Je ne sais pas, fit Belleface. J'ai eu beaucoup de mal à m'endormir. J'ai fini par trouver le sommeil et puis je me suis réveillé en sursaut. Ne me demande pas pourquoi, mais je sens qu'il faut qu'on redouble de vigilance. »

Deuxième jour

« N'allez pas croire que je sois venu apporter la paix sur la terre ; je ne suis pas venu apporter la paix, mais le glaive. »

Évangile selon Saint Matthieu (*Nouveau Testament*)

Ras-el-Bayada, le 7 mai 1985, 6 h 30

Ils étaient parvenus à l'endroit où Belleface avait pris l'habitude de se baigner chaque matin lors des mois les plus chauds de l'année. C'était une petite crique rocheuse, aux abords hostiles, située à l'abri des regards, dominée par de hautes falaises où l'on pouvait distinguer des blocs de schiste et de basalte disséminés entre des coulées de pierre calcaire. Pour y accéder depuis le check-point, il suffisait de traverser la route côtière, de longer pendant une centaine de mètres la plage de sable qui lui faisait face en direction du sud – à l'opposé de la ville de Tyr – jusqu'au moment où la côte changeait brusquement de physionomie, laissant les falaises et les amas de roche déchiquetés par l'érosion prendre le dessus et s'avancer dans un désordre grandiose vers la mer Méditerranée. Il fallait ensuite emprunter en file indienne un chemin escarpé qui épousait le relief et les parois de la falaise que grignotaient les vagues, ainsi que de rares, mais puissantes lames de fond. Au bout de quelques dizaines de mètres surgissait comme une accalmie, un répit naturel, avec un terre-plein forgé par les siècles, composé de différents niveaux de roches, aux arêtes aussi coupantes que des lames de rasoir, et d'une succession de cavités dans lesquelles, à chaque marée, se retrouvaient pris au piège toutes sortes de poissons, coquillages et crustacés.

C'était de ce lieu inhospitalier et ignoré de presque tous que Belleface aimait s'élancer chaque jour pour nager. Hormis le chemin qu'ils avaient suivi pour y parvenir, il n'y avait pas d'autre accès possible à cette crique surplombée par la falaise qui la dissimulait – sinon par la mer. Belleface avait appris en Indochine qu'un soldat qui se baigne sans être couvert par ses camarades est un soldat mort. Aucun homme de son équipe ne se trempait donc dans l'eau sans être accompagné par une sentinelle armée. Aucun ne se baignait non plus sur la plage, où il aurait été si facile, pour un ennemi plus nombreux, de bénéficier d'un double avantage : celui de l'effet de surprise et du terrain à découvert.

Favrier venait de se dessaisir de son arme et de ses cartouchières, puis de se débarrasser de son casque et de son gilet pare-éclats. Après les avoir disposés avec soin contre un rocher à l'abri des vagues, il s'était déshabillé, ôtant ses rangers et sa vareuse de treillis, ne gardant sur lui que son pantalon, avec lequel il avait plongé dans l'eau depuis un promontoire haut d'une demi-douzaine de mètres. Belleface admira la trajectoire parfaite de son plongeon, et son entrée dans l'eau sans une éclaboussure. Puis il le regarda nager avec vigueur vers le large tout en surveillant le dernier lacet du chemin par lequel ils étaient arrivés. Il tenait son fusil d'assaut à la main, chargé et armé, mais sans s'inquiéter outre-mesure. Les combattants du Hezbollah n'auraient pas eu l'idée de s'en prendre à eux. Se présenter avec des intentions belliqueuses dans le dernier tournant, celui qui menait à la crique, revenait à prendre le risque de s'exposer aux tirs d'un feu nourri. Sur un chemin si étroit, où l'on ne pouvait tenir à deux de front, l'obstacle était infranchissable pour des assaillants tant que les défenseurs disposaient de munitions.

Dans la lumière balbutiante du matin, Belleface regarda les hautes falaises blanches qui s'élançaient à la verticale vers le ciel. C'était une de ces matinées qui commencent dans une apparence de grisaille et se finissent sous un plein soleil. D'ici une heure, la chaleur entreprendrait sa lente descente sur eux jusqu'à tout recouvrir de sa masse presque palpable. Il savait que la mer changerait à plusieurs reprises de couleur au fur et à mesure que le soleil engagerait son mouvement vers l'ouest. Belleface admirait ces paysages somptueux dont il ne se lassait pas : leur beauté lui paraissait toujours aussi âpre et noble, malgré l'habitude qu'il avait prise de les contempler. Il pensa une fois de plus que le Liban était un pays magnifique.

Pourtant, il ne parvenait pas à jouir pleinement de ces paysages qui le ravissaient d'ordinaire. Son esprit était occupé par les deux attentats commis l'avant-veille par le Hezbollah contre deux checkpoints de l'ALS. Il pressentait que ces événements n'étaient pas insignifiants. Non qu'il fût étonné d'une attaque contre l'ALS – elles étaient fréquentes –, mais il y avait comme un élément nouveau dans la concomitance, la presque simultanéité de ces deux attentats qui paraissaient coordonnés. Depuis plus de quarante ans, Belleface avait appris à sentir venir le danger et les difficultés. Lui-même en parlait souvent avec le sourire : « Les coups tordus, disait-il en clignant de l'œil, je les renifle avant tous les autres. Comme un chien qui sent de loin les odeurs de merde. » Cette faculté, qui relevait à la fois de l'instinct et de l'expérience, lui tenait lieu de sixième sens. Elle lui avait maintes fois sauvé la vie. Il s'y fiait aveuglément car elle ne l'avait jamais trompé.

Depuis que Tsahal avait amorcé son retrait du Liban, trois ans après le début de l'opération Paix en Galilée – qui avait conduit les Israéliens à envahir leur voisin et à pousser leur incursion jusqu'à Beyrouth afin de stopper les offensives menées contre eux par les fedayin de l'OLP (Organisation de libération de la Palestine) retranchés dans les camps de réfugiés –, la situation politique et militaire était devenue extrêmement confuse dans le sud du pays. Les milices, qu'elles fussent confessionnelles ou familiales, s'étaient réparti le territoire en fonction de leurs zones d'influence respectives. Au-dessous du fleuve Litani, qui symbolisait la ligne de partage entre le nord et le sud du Liban, les chiites du mouvement Amal avaient longtemps été, avec les Palestiniens, les seuls à combattre ouvertement les derniers éléments de l'armée israélienne restés sur place.

Mais la montée en puissance du Hezbollah, qui profitait du repli de Tsahal pour s'implanter localement et recruter chaque jour de nouveaux combattants fanatisés, venait déstabiliser cet équilibre précaire. Suivant en cela un schéma éprouvé de l'histoire des révolutions et des rapports de force politiques, les chiites modérés de la milice Amal étaient débordés par leur aile radicale. Belleface connaissait parfaitement les ressorts de cette mécanique et il savait que le retrait des forces israéliennes devait être achevé au mois de juin. D'ici quelques semaines, l'ALS se retrouverait donc en première ligne, seule, pour défendre l'enclave, cette zone de sécurité qui longeait la frontière israélo-libanaise. Nul n'avait besoin de le mettre en garde : il faudrait alors s'attendre à de fréquentes attaques des postes de l'ALS par les soldats du Hezbollah. Le double attentat de l'avant-veille était, en quelque sorte, une préfiguration de leur quotidien à venir.

Belleface alluma une cigarette. Tout en réfléchissant, il regarda distraitement Favrier qui revenait vers lui à la nage. Le Vieux jeta un coup d'œil sur sa montre. Il était bientôt sept heures du matin. La crique se trouvait encore à l'ombre mais il pouvait voir, au loin, la Méditerranée qui scintillait déjà à la lumière. Quelques goélands se laissaient tomber de temps à autre depuis le haut des falaises et, d'un coup d'aile, se redressaient juste avant d'avoir atteint la surface de l'eau. Profitant des courants ascendants du vent, ils remontaient et tournoyaient ensuite dans le ciel, formant une sarabande étrange, et ils semblaient alors jouer entre eux, esquissant des figures et des mouvements dénués de logique. Leurs cris stridents étaient couverts par le vacarme des vagues qui s'écrasaient avec violence contre les rochers. D'où il se tenait, à cinq ou six mètres du rivage, le Vieux pouvait sentir à intervalles irréguliers les éclaboussures de l'eau sur lui. Il n'y avait pourtant pas un souffle de vent au fond de la crique. Belleface songea que le Hezbollah avait sur eux l'avantage de pouvoir décider du lieu, du jour et de l'heure de l'attaque. Il faut qu'on soit encore plus vigilant que d'habitude à l'entrée du check-point, se dit-il. Et il faut absolument qu'on trouve le moyen de réguler l'arrivée des véhicules avant la barrière. Il faudrait pouvoir les canaliser et faire en sorte qu'un intervalle d'une dizaine de mètres soit systématiquement respecté entre eux. Belleface fut pris soudain d'un désir frénétique d'action.

Mais il savait combien ce désir subit était illusoire. Si c'est pour te donner bonne conscience, pensa-t-il, alors fais-le, et fais-le sans tarder. Dans ce cas, tu remontes tout de suite en courant dire aux uns et aux autres que tu changes les procédures d'approche et de contrôle des véhicules. Mais tu sais très bien que tout cela ne sert à rien. Si un fedayin ou un moudjahidine a décidé de se faire sauter dans les cinq minutes qui viennent contre le check-point, tu ne parviendras pas à l'en empêcher parce qu'il te faudrait au moins dix bonnes minutes pour remonter avec Favrier et te trouver à pied d'œuvre.

Non, en vérité, si l'un de tes hommes doit mourir maintenant, il est déjà trop tard pour le sauver. « Il y a un moment pour tout et un temps pour toute chose sous le ciel ; un temps pour naître, et un temps pour mourir », murmura-t-il. Et un peu plus loin, il est dit : « Il y a un temps pour aimer, et un temps pour haïr ; un temps pour la guerre, et un temps pour la paix. » C'était dans le troisième chapitre de *L'Ecclésiaste.*

« Rien de nouveau sous le soleil », en somme. Cela, c'était dans le premier chapitre. Tout était déjà écrit dans *L'Ecclésiaste,* ce livre qui contenait tous les autres. Belleface se souvint soudain d'une phrase que lui avait dite un jour en Indochine un soldat avec qui il avait longtemps fait équipe. Il était caporal et il se nommait Falcoz. Il faisait partie des rares légionnaires de sa section qui s'étaient engagés sous leur véritable patronyme. Il parlait avec un accent prononcé, mais assez doux à entendre, qui était celui des Savoyards. Falcoz était le servant du fusil-mitrailleur de leur groupe de combat quand Belleface en était le chargeur. Pendant presque deux ans, ils ne s'étaient pas quittés, crapahutant l'un après l'autre sur les sentiers qui traversaient les hautes et profondes forêts du Tonkin. Falcoz était un grand gaillard maigre, sec et résistant, aux cheveux bruns coupés en brosse, à la peau du visage tannée, mais dont toutes les autres parties du corps étaient si blanches que l'on se demandait, dès qu'il se mettait torse nu, s'il avait vu le soleil ailleurs qu'en haute montagne.

« Tu sais ce qu'on dit chez moi ? » lui avait-il demandé un jour où ils montaient la garde dans un petit fortin, non loin de la frontière chinoise, quelques mois avant que Falcoz ne trouve la mort lors d'une embuscade, au cours d'une banale patrouille de reconnaissance menée par leur section.

« Non, avait répondu Belleface.

— Dans mes montagnes, une fois qu'on a compris qu'on ne peut rien faire, on dit : "Laisse tomber la neige..." » Et, curieusement, cette phrase avait apaisé Belleface. Il se l'était souvent répétée depuis. C'était l'une des rares observations qu'il trouvait aussi intelligentes, ou presque, que celles de *L'Ecclésiaste.* Et dire qu'elle avait été prononcée par cet abruti de Falcoz, pensa-t-il. Belleface tira une dernière bouffée sur sa cigarette puis il jeta son mégot au sol et l'écrasa.

« Tu as bientôt fini ? » cria-t-il en direction de Favrier.

Favrier ne l'avait pas entendu. Il nageait le crawl à présent et, du fait des vagues puissantes qui le ramenaient sans cesse vers la rive, il semblait rester sur place. Il manifestait tous les signes du nageur épanoui dans l'élément liquide. Belleface le regardait s'ébrouer dans l'eau. Puis il posa son regard sur un goéland qui inspectait un bassin creusé dans la roche où évoluaient sans doute quelques poissons et mollusques. De temps à autre, l'animal donnait un coup de bec dans l'eau et, l'instant d'après, effectuait un drôle de mouvement avec son cou lorsqu'il avalait sa prise. Le Vieux resserra son ceinturon tandis que le goéland l'observait à son tour. Belleface s'assit sur un rocher et attendit le retour de Favrier.

« T'en penses quoi, de tout ça ? » demanda Favrier. Il venait de reprendre pied sur les rochers et il se séchait à présent les cheveux avec les manches de son treillis.

« De quoi tu parles ? » répondit Belleface en allumant une nouvelle cigarette. Il fumait comme fument ceux qui ont soif. Depuis son dîner frugal de la veille, il n'avait pas bu une goutte d'eau.

« De la situation générale, fit Favrier. J'ai bien compris que tu étais préoccupé.

— Je pense qu'on pourra peut-être s'en tirer sans problème. Je pense aussi que ça peut déraper à n'importe quel moment.

— C'est une réponse de Normand, ce que tu me dis.

— Non. Ça passe ou ça casse. C'est tout.

— C'est bien ce que je te dis. C'est une réponse de Normand. Peut-être bien que oui ; peut-être bien que non.

— Si tu veux », dit Belleface.

Il réfléchissait en lui-même. Fallait-il confier à Favrier son analyse de la situation ? Il conclut qu'il était inutile de l'inquiéter. Favrier n'avait pas à supporter ce fardeau psychologique. Qu'il apprenne son métier, c'était déjà bien suffisant. Mais Belleface avait envie de parler, ce matin-là. Il avait réfléchi au cours des derniers jours et il estimait qu'il devait désormais prendre Favrier sous sa protection. Il reprit la parole.

« Est-ce que tu t'es déjà demandé pourquoi on était là, toi et moi ?

— Certainement pas pour les mêmes raisons, dit Favrier.

— Tu as raison. Ni toi ni moi ne sommes arrivés à Ras-el-Bayada avec les mêmes intentions. »

Il observa un moment de silence avant de reprendre.

« Mais je crois que nous ne sommes pas là par hasard.

— Qu'est-ce que tu veux dire ?

— J'ai bien écouté ton histoire avec ton ami libanais qui a trouvé la mort contre les fedayin.

— Et alors ?

— Eh bien, elle m'a plu, ton histoire », dit Belleface.

Il regardait Favrier dans les yeux.

« Ah bon ?

— Oui. » Et, tandis que Favrier enfilait sa vareuse de treillis, le Vieux reprit :

« Tu vois, je crois je t'avais mal jugé jusque-là.

— Et qu'est-ce qui t'a fait changer d'avis ? » demanda Favrier qui finissait de lacer ses rangers. Puis il se releva, se harnacha de son brêlage et boucla son ceinturon. Il vérifia que ses deux cartouchières contenaient bien les huit chargeurs dont il avait été doté.

« Je ne crois pas que tu sois venu ici parce que tu avais besoin de gagner ta vie, dit le Vieux. Je crois que tu es venu ici parce qu'il le fallait. Et que tu en avais besoin au fond de toi.

— Pourquoi tu dis ça ? Personne n'a besoin de vivre dans un pays en guerre, répondit Favrier.

— Tu te trompes. Je crois au contraire que certains d'entre nous ont besoin de la guerre. Il y a des hommes qui sont faits pour dire des mots d'amour ou pour les inventer. Tu n'es pas comme ça. Et moi non plus. Et puis il y en a d'autres qui sont faits pour la guerre.

— Tu sais, le Vieux, je vais te faire mentir : j'aime les femmes et l'amour plus que tout le reste.

— Je m'en doute. Figure-toi que je suis comme toi, mon petit père. Mais je crois aussi que tu es fait pour la guerre. Comme moi. Et ça, c'est très rare aujourd'hui ! »

Ils se turent l'un et l'autre. Belleface songeait en lui-même que Favrier était aussi farouche qu'un cheval qui se cabre, et qu'il fallait faire avec. Mais c'était aussi pour cette raison qu'il était en train de se prendre d'affection pour lui. Précisément parce qu'il était fier et cambré comme un toréador.

« Excuse-moi, mais je ne vois vraiment pas où tu veux en venir, reprit Favrier.

— Je ne veux en venir nulle part. Je dis juste que c'est bien que nous soyons là toi et moi parce qu'il faut qu'il y ait des gars comme toi et moi pour se battre ici.

— Arrête, le Vieux. Qu'on se trouve au Liban, en Afrique ou en Asie, c'est pareil. Quand on fait la guerre, on vit le temps qu'on doit vivre. Mais on sait très bien que la mort gagne toujours à la fin.

— Bien entendu. Mais ce n'est pas ce que je voulais dire. Nous n'en sommes qu'au début d'un grand combat à venir, et le sort de ce combat a commencé à se jouer ici. Ici et maintenant. Voilà ce que je voulais dire. »

Favrier écoutait et il regardait Belleface avec un air interrogateur.

« Tu n'as pas compris que Ras-el-Bayada est un symbole de quelque chose de bien plus vaste ? Ras-el-Bayada est un avant-poste », dit le Vieux, et il parlait avec une force et une conviction qui firent se taire Favrier.

« Toi et moi, poursuivit Belleface, nous sommes des sentinelles. On monte la garde comme les soldats que nous sommes. Notre métier, c'est bien ça, non ? Monter la garde, prévenir en cas d'alerte et, si on nous en donne l'ordre, se battre jusqu'au bout ?

— Oui.

— Mais nous sommes aussi des sentinelles d'une autre manière. Nous sommes les gardiens d'une civilisation, la nôtre, et nous sommes postés en territoire ennemi. Parce qu'il ne faut pas se faire d'illusions, Favrier : les chrétiens du Liban ont perdu cette guerre. Et ce sont les musulmans, qu'ils soient palestiniens ou syriens, chiites ou sunnites, qui l'ont gagnée. Je suis désolé pour ton ami maronite, mais c'est la vérité. Tu crois que tu marches sur les traces de ton ami kataëb, comment s'appelait-il déjà ?

— El-Khoury.

— Oui, c'est ça. Donc tu crois que tu défends les frontières d'Israël en mémoire d'El-Khoury ? Mais pas du tout ! Tu te bats parce que, sinon, nous serions tous écrasés par ce grand mouvement qui est en train de se lever dans le monde arabe et qui va déferler un jour jusque chez nous. Jusque dans nos villes, dans nos rues et dans nos maisons. C'est ça, la vérité, Favrier. Et tu le sais très bien ! Les autres ne le voient pas encore, mais c'est ainsi.

— Je n'avais jamais considéré les choses de cette manière.

— Eh bien tu devrais réfléchir, mon petit père, parce que l'avenir est plutôt sombre. Et crois-moi, je m'y connais, question horizon bouché et avenir sans espoir.

— Tu crois vraiment que ce n'est que le début ?

— Le Hezbollah n'est qu'un avant-goût de ce qui nous attend. Ce que nous faisons ici, ce n'est pas seulement tenir un check-point dans le Sud-Liban : nous sommes là pour protéger les frontières du monde occidental en attendant que les nôtres ouvrent les yeux. Et si tu veux mon avis, ils tardent à les ouvrir !

— OK, le Vieux. Mais on peut aussi penser que tu te trompes.

— Je ne me trompe pas, dit Belleface en serrant les dents.

— Écoute, fit Favrier. Je prends un exemple que tu connais mieux que moi : l'Indochine. Les Français et les Américains se sont battus là-bas pendant trente ans contre le communisme. Et regarde aujourd'hui : le communisme ne pèse pratiquement plus rien dans le monde. Quand on a le nez sur l'événement, on n'y voit pas grand-chose parce qu'on manque de recul.

— Favrier, je te dis que le réveil du monde arabe est un phénomène plus puissant que la naissance ou la chute du communisme. Pour une raison toute simple : le nombre de musulmans dans le monde. Réfléchis un peu : ils sont plus d'un milliard et demi ! Ça en fait, du monde. »

Favrier ne répondit pas.

« Et puis il y a une autre chose encore plus importante : ils se battent pour leur Dieu, ajouta Belleface. Et ça, ça leur donne une force que nous avons perdue. Ils n'ont peur de rien et ils croient que la vie sera plus belle dans la mort. C'est pour cela qu'ils sont encore plus redoutables que les communistes.

— Peut-être. Mais on est mieux armés qu'eux. Résultat : ils ont toujours perdu.

— Ils ont perdu jusqu'à présent. Mais ils sont mieux armés dans leur tête que nous. C'est ça, Favrier, le fait nouveau. Et, puisque tu prends des exemples dans l'histoire, je vais t'en donner un moi aussi. Les armes les plus sophistiquées du monde ne peuvent rien contre une multitude d'hommes qui n'ont pas peur de la mort. Cela s'est toujours vérifié dans le passé. Je dirais même que c'est le ressort de toutes les grandes invasions. Et dans notre cas, la situation est encore pire car on a affaire à des fanatiques qui désirent la mort parce qu'ils croient au paradis des combattants et à toutes ces conneries de vierges réservées aux martyrs.

— Tu crois à tout ce que tu me dis ?

— Bien sûr ! Je crois qu'ils combattent pour leur Dieu et que cela leur donne des ailes. Toi qui es catholique, tu vas comprendre ce que je veux dire : ils se voient comme des anges, mais des anges de la mort. Ils sont imperméables au doute et insensibles à la douleur. Et nous, en face, on combat pour la démocratie et les droits de l'homme ? Excuse-moi, Favrier, mais j'éclate de rire ! Comment veux-tu qu'on gagne une telle guerre ? Nous ne sommes pas au même niveau qu'eux. Pour espérer gagner cette putain de guerre, il faut nous élever à leur hauteur. Il nous faut nous transcender. Il faut que nous opposions un autre Dieu au leur. Ce qu'il nous faut, c'est un choc : Dieu contre Dieu, foi contre foi, fidèles contre fidèles. Il n'y a pas d'autre moyen de gagner. Et c'est moi, qui ne crois pas en Dieu, qui te dis tout ça ! Crois-moi, Favrier : ce qu'on voit ici presque chaque jour, tous ces attentats du Hezbollah contre les juifs et les chrétiens, ce n'est que le début. Je te le dis. »

Belleface se tut un instant, dérouté par le silence de Favrier. Puis il reprit, comme s'il poursuivait un dialogue avec lui-même : « L'autre condition, pour que nous gagnions cette guerre, c'est que les chrétiens et les juifs s'allient. Qu'ils s'entendent enfin, qu'ils s'accordent, et qu'ils scellent une grande alliance, et qu'elle soit conclue pour toujours. Elle aurait d'ailleurs dû être nouée depuis longtemps. Des hommes comme Béchir Gemayel ou le général Lahad l'ont compris. Et ils l'ont faite, cette alliance, au péril de leur vie. Je crois que cette alliance est possible car les juifs et les chrétiens ne sont pas si différents les uns des autres. Au fond, je vais te dire, moi qui n'ai plus de juif que le sang : vous autres, chrétiens, vous n'êtes jamais que de nouveaux juifs par rapport à nous, les descendants d'Abraham. »

Belleface se sentit soudain très las. Pourquoi perdre son temps à essayer d'expliquer ce qu'il avait le sentiment d'être l'un des seuls à voir et à anticiper ? Ne t'emballe pas, songea-t-il, tu sais très bien que cela ne mène à rien de vouloir apprendre la vie aux autres. Après tout, il se trompait peut-être sur le compte de Favrier. Ce dernier était, à l'évidence, plus cultivé que la moyenne habituelle des soldats, mais rien n'indiquait qu'il fût en mesure de comprendre son raisonnement, d'y adhérer et de parvenir aux mêmes conclusions que lui.

Il posa sa kalachnikov contre un rocher. Il n'avait plus envie d'évoquer ces sujets avec Favrier.

« C'est mon tour d'aller me baigner, dit-il. Tu surveilles pendant que je nage ? »

Belleface se défit de ses vêtements, ne gardant que son caleçon. Puis il s'avança jusqu'au bord d'une roche qui surplombait l'eau de quelques mètres. Il prit une profonde inspiration et il plongea dans l'eau, qui avait ce matin-là une teinte grisâtre. Pendant de longues minutes, il nagea en brasse coulée. La mer était agitée, les vagues plus hautes qu'à l'accoutumée et la force des courants aisément perceptible dès qu'il nageait vers les profondeurs. Lorsqu'il ouvrait les yeux sous l'eau, il éprouvait le contact du sel sur sa cornée, et il les refermait aussitôt. Il ramena ses bras le long du corps et, durant quelques instants, ne se dirigea qu'à l'aide des jambes, alternant les mouvements horizontaux et les battements verticaux.

Il éprouvait une joie naturelle, animale, une joie des origines, sans aucune arrière-pensée. Il pouvait sentir l'eau glisser le long de son corps et l'envelopper avec une forme de sensualité. Il avait l'impression d'évoluer dans un fourreau conçu à ses mesures. Il n'était plus Belleface, né en 1927 de l'union de Samuel Perlman et Judith Wilner : il était un élément du vaste monde, un grain de poussière sur la surface de la terre que balayaient de grands vents, ces mêmes vents qui faisaient se lever des tempêtes sur les mers et les océans. L'eau dans laquelle il était plongé était si salée qu'elle lui paraissait presque râpeuse par moments, lui rappelant alors, comme dans un de ces éclairs que provoquent parfois les souvenirs, celle de la mer Morte, qui laissait une empreinte rêche et piquante sur la peau lorsqu'elle séchait au soleil. Il lui revint soudain en mémoire une journée d'été avec Ruth, une journée dont il avait toujours gardé un souvenir lumineux, mais dont l'intensité et la précision s'estompaient malgré tout avec le temps.

Ce matin-là, ils étaient allés visiter les ruines de Massada, dont le spectacle les avait réduits l'un et l'autre au silence, avant de les plonger dans une profonde méditation sur le sens de leur existence et le sort de leur peuple. Après avoir déjeuné de sandwichs sur le capot de sa jeep, sous le soleil brûlant qui approchait de son zénith, il avait été pris d'une inspiration subite. Il avait convaincu Ruth d'aller se tremper dans la mer Morte pour se changer les idées et oublier leur humeur lugubre. Il se souvenait très bien de la chaleur de ce jour-là. Il conduisait torse nu la jeep dont il avait relevé la capote et, malgré le vent dû à la vitesse, il pouvait sentir des gouttes de sueur couler le long de son dos qui était en contact avec le siège. Lorsqu'il décollait son dos du dossier, la transpiration séchait presque instantanément.

Un peu plus tard, ils s'étaient baignés dans la mer Morte. Sitôt sortis du bain, et sans même laisser à Ruth le temps de prendre une douche pour se débarrasser du sel sur sa peau, il l'avait conduite à travers la fournaise jusqu'à l'oasis d'Ein Gedi, et il l'avait entraînée sous la cascade dont l'eau avait la douceur et la fraîcheur d'un linceul. C'était peut-être ce jour-là que Ruth fut la plus belle. Il la revoyait, la peau gorgée de soleil, le teint cuit des femmes ayant toujours vécu dans les pays du Sud, éclatant de rire sous les flots d'eau qui tombaient des rochers, avec ses longs cheveux noirs qui encadraient son visage et lui recouvraient les épaules à la manière d'une reine surgie de l'Antiquité, débordant d'une joie enfantine, l'aspergeant pour le taquiner, puis le suppliant de rester encore un peu, un peu plus longtemps, dans ce paradis de fraîcheur, de feuillages et de chants d'oiseaux, alors qu'il renfilait déjà sa tenue de combat parce qu'il devait rejoindre le soir même son unité. Il avait encore à l'esprit cette journée d'enchantement lorsqu'il fut surpris par le mouvement du ressac. Il avala un paquet d'eau de mer tandis qu'il reprenait sa respiration et il la recracha en pestant contre son inattention.

C'était quand même une volupté, se disait-il maintenant, de pouvoir nager ainsi chaque matin et de se réparer le corps et l'esprit après une nuit de cauchemars. Il se mit sur le dos et fit la planche. Il s'efforça de ne penser à rien et de se concentrer sur l'instant présent. Il avait le sentiment d'être seul au monde. Pas un bruit ne parvenait jusqu'à lui depuis la grève, sinon celui des vagues qui se fracassaient contre les rochers au pied de la falaise. De l'eau lui entrait sans cesse dans les yeux mais, entre deux battements de cils, il pouvait distinguer au-dessus de lui le ciel sans nuages du matin, un ciel d'aube presque blanc. Bientôt, le soleil écraserait tout de sa puissance. C'était un matin d'éternité, pensa-t-il. Un matin comme les autres dans ce jardin d'Eden qu'avait été le Liban avant que les hommes ne le saccagent.

Il pensa qu'il faudrait pouvoir fermer les yeux sur les horreurs du monde. « Et je déteste la vie, car ce qui se fait sous le soleil me déplaît : tout est vanité et poursuite du vent », dit *L'Ecclésiaste.* Non, en vérité, se reprit-il en pensée, il faudrait pouvoir fermer les yeux par principe. Par décision prise une fois pour toutes. Et pour toujours. Fermer les yeux pour tout oublier, sans pleurer de rien ni rire de tout. Fermer les yeux parce que rien n'a vraiment d'importance. Le monde est inhospitalier et ses habitants ignorent la chance qui leur est donnée de vivre malgré tout. Cela fait deux bonnes raisons de mourir et de laisser la place aux suivants. Car la loi de la vie est de mourir. Je crois même, pensait-il, que la loi de la vie est de nous tuer. Voilà ce que croyait Belleface.

Mais quelque chose en lui le retenait de glisser sur la pente du désespoir absolu. Car il pensait aussi que le devoir de l'homme est de résister et de se battre contre la loi éternelle de la vie qui est de mourir. On avait voulu sa mort, ainsi que celle de tous les siens, et cela l'avait révolté, provoquant en lui une colère inextinguible, une rage des confins, aussi puissante qu'un désir de terre promise. On avait voulu le forcer à disparaître mais il avait résisté. Il avait tenu bon et il avait survécu. Des millions d'autres juifs avaient été assassinés mais lui, il était toujours là parce qu'il avait trouvé, dans les tréfonds de son être, une force dont il ne soupçonnait pas l'existence, pour se dresser contre le sort qui lui était promis.

Pourquoi avait-il échappé à la mort à la différence de ses proches ? Devait-il sa survie à la chance ou s'inscrivait-elle dans un dessein plus vaste et complexe dont les motifs ne lui apparaissaient pas ? Pourquoi ai-je survécu, se demandait-il, et pourquoi mon petit frère David, qui était sans aucun doute plus intelligent que moi, et mieux à même de faire le bien autour de lui, est-il mort ?

Bien d'autres questions lui venaient à l'esprit. Est-ce vraiment une chance de survivre à la Shoah ? À qui s'adresser pour demander réparation ? Et, d'ailleurs, une réparation est-elle possible ? Belleface tournait depuis des années autour de ces interrogations qui étaient au cœur de toute son existence. Et elles restaient sans réponse. « Et ce qui manque ne peut être compté », dit *L'Ecclésiaste* dans le verset XV du premier chapitre. Pour une fois, *L'Ecclésiaste* n'avait pas de réponse aux questions de Belleface.

Tout en nageant et en observant Favrier qui s'était assis sur un rocher, tournant le dos à la seule direction d'où pouvait venir le danger, il se dit qu'il faudrait qu'il s'occupe un peu plus de son cadet. Il était temps qu'il le forme et qu'il lui apprenne les lois de la survie. Et, peut-être même que le moment était venu qu'il lui raconte son histoire. Simplement pour que quelqu'un s'en souvienne. Simplement parce qu'il fallait que quelqu'un puisse témoigner de ce que lui, Belleface, avait vécu. Il est vrai qu'il était passé, au cours de son existence, par tant de moments qui rompaient avec la norme dans laquelle vivent la plupart des hommes…

Ras-el-Bayada, le 7 mai 1985, 8 h 10

Favrier fit un geste de la main pour écarter une mouche qui s'était posée à la commissure de ses lèvres. Il n'en pouvait plus. Avec la fin de l'hiver et la chaleur qui s'était installée soudain, et pour longtemps, les mouches étaient arrivées d'un seul coup. Il lui semblait parfois qu'elles s'étaient abattues par centaines de milliers sur le sud du Liban.

Il était allongé sur son lit de camp dont il avait relevé les pans de la moustiquaire, et le ventilateur posé sur une caisse de munitions à côté de son chevet émettait un ronronnement régulier et rassurant. Il observait distraitement la fumée de son quart de café brûlant se brouiller et se désintégrer lorsqu'elle arrivait dans le champ d'action des pales. Il se trouvait dans le bungalow où dormaient à intervalles irréguliers la demi-douzaine d'hommes affectés à la surveillance du check-point. Il était séparé de Yared, son voisin immédiat, par une travée centrale qui permettait de traverser de bout en bout le bungalow, dont les dimensions formaient approximativement un rectangle de douze mètres sur six. Dans la surface délimitée par les quatre murs, quelques armoires métalliques faisaient office de cloisons. À l'entrée du bungalow se dressait une caisse de munitions vide qui leur servait de râtelier pour leurs fusils.

Favrier repensait à ce que Belleface lui avait dit la veille. Avant leur discussion, il n'avait jamais considéré les choses sous cet angle. À dire vrai, il ne s'était jamais réellement intéressé à ce sujet. Dans le schéma mental d'un jeune Français de sa génération, né au début des années 1960, il était acquis que, à l'exception des libres penseurs ou de ceux qui se réclamaient de l'athéisme, chacun avait hérité de ses parents une religion, qu'il était libre de pratiquer ou non. Tel avait été jusque-là le point de vue de Favrier, que sa rencontre pourtant si marquante avec El-Khoury n'avait guère modifié. Dans le même ordre d'idées, il ne s'était jamais inquiété dans sa jeunesse de savoir quelle pouvait être la confession de tel ou tel de ses amis. Être juif, musulman ou bouddhiste n'était pas plus exotique à ses yeux que d'être catholique. C'était une donnée comme une autre, une donnée objective, qui n'appelait aucun commentaire et n'avait guère plus de signification que d'avoir été doté par la nature d'yeux clairs ou sombres, de cheveux bruns ou blonds, d'une grande ou d'une petite taille.

À l'inverse, depuis qu'il était arrivé au Liban, il avait le sentiment que tout tournait et s'ordonnait autour de Dieu, et que les conséquences s'en ressentaient sur l'existence de chacun autant que sur la vie collective quotidienne d'un pays entier. Tout se passait comme si chaque homme ou femme adaptait son comportement aux commandements, aux préceptes et aux rites de sa religion. C'était rarement le cas en France, où, lorsque quelqu'un y vivait sa foi, il le faisait dans la discrétion. Au Liban, les marques de respect que chacun adressait à son Dieu étaient ostensibles – pour ne pas dire ostentatoires, voire emphatiques. La plupart des chrétiens, hommes ou femmes, arboraient autour du cou une croix dont la représentation stylisée variait selon le rite et, à maintes reprises, Favrier avait croisé des combattants des Forces libanaises tenant un chapelet dans une main et une kalachnikov dans l'autre. Lorsque se présentait un véhicule devant la barrière du check-point, la sentinelle discernait sans mal derrière le pare-brise une petite croix de bois, une main de Fatma dorée ou une épée d'Ali pendant au bout d'une chaînette accrochée au rétroviseur. Et tous les soldats de Tsahal portaient sous la veste de leur treillis une étoile de David. Favrier se disait alors que Dieu était chez lui au Moyen-Orient.

Il était ébranlé par ce que lui avait dit Belleface. Sur un point, les convictions du Vieux rejoignaient celles d'El-Khoury : les chrétiens et les juifs avaient partie liée pour contenir la poussée de cet islam travaillé par la tentation de l'impérialisme. Ce que symbolisait l'alliance nouée entre Israël et les maronites de Béchir Gemayel, et dont l'Armée du Liban Sud formait une traduction concrète et significative. Favrier se demandait cependant s'ils n'assistaient pas tout simplement aux prémices d'un nouveau cycle de l'histoire : après être resté longtemps endormi, l'islam s'était réveillé en sursaut, et, surpris d'avoir perdu tant de positions, de temps et d'occasions au cours des siècles passés, il entendait reprendre le contrôle des opérations.

Tel n'était pas l'avis de Belleface ni d'El-Khoury, pour qui le désir de domination était inscrit depuis la nuit des temps dans la religion de Mahomet. « Tu ne peux pas comprendre parce que tu n'as jamais vécu au Liban, lui avaient-ils dit l'un et l'autre, s'exprimant chacun avec son vocabulaire propre. En France, vous ne pouvez pas concevoir ce qui se trame ici car vous ne savez pas de quoi sont capables les Palestiniens ni les chiites du Hezbollah. Peut-être qu'un jour la guerre que nous vivons vous rattrapera jusque sur votre sol. C'est une éventualité que vous ne pouvez pas écarter. Il ne faut pas le souhaiter car il n'y a rien de plus dévastateur qu'une guerre civile. »

La plupart du temps, Favrier les laissait dire sans les interrompre car il ne savait quoi répondre. Au fond, il n'avait pas arrêté son opinion sur le sujet. Lorsque Charles El-Khoury évoquait quelques années plus tôt devant lui ces questions, elles lui paraissaient relever de l'ordre du fantasme. En revanche, dès que le Vieux, qui avait acquis en quelques semaines un fort ascendant sur Favrier, abordait ces sujets, ce dernier l'écoutait avec attention. Pourquoi ? Au-delà de la considération que Favrier lui vouait, ce que disait Belleface résonnait en profondeur avec ce qu'il avait entendu au cours de son enfance et de son adolescence.

Il se souvenait maintenant de ce que lui disait sa mère autrefois, lorsqu'il était encore un enfant. Chaque jour, à la tombée de la nuit, elle le rejoignait dans sa chambre qui se trouvait au premier étage de la maison, à droite du grand escalier en bois à balustres Louis XIII, et elle le faisait réciter la prière du soir. Ils s'agenouillaient tous les deux au pied de son lit, sur les tommettes de terre cuite qui garnissaient le sol de sa chambre, tournés vers une gravure du XIXe siècle qui représentait dans un cadre doré la Sainte Vierge avec l'enfant Jésus debout à ses côtés et, les mains jointes, ils disaient d'une même voix le Notre Père, puis le Je Vous Salue Marie. Parfois, afin de l'aider à trouver la concentration, et pour conférer un caractère à la fois solennel et merveilleux à leur prière, elle s'emparait d'un chandelier en laiton qui reposait sur la cheminée de sa chambre, approchait une flamme de la bougie, posait le flambeau à même le sol entre eux, et Favrier se souvenait très bien de cette lueur qui tremblait alors devant lui, et des ombres qui semblaient danser sur le mur. Aussitôt la prière finie, sa mère s'empressait de souffler sur la flamme de la bougie et replaçait le chandelier sur le linteau de la cheminée.

« Mon chéri, n'oublie jamais que Jésus était juif, lui disait-elle alors, et que nous descendons de lui autant que les juifs, les orthodoxes ou les protestants.

— Mais les juifs ont tué Jésus, répondait Favrier qui l'avait entendu dire par quelques camarades d'école.

— Ils l'ont tué non parce qu'ils étaient juifs, mais parce qu'ils étaient des hommes, tout simplement. Et parce que leur peuple avait été choisi par Dieu pour que s'accomplisse Sa volonté.

— Nous n'avons pas le même rite et ils ne croient pas à la Sainte Vierge, insistait Favrier.

— C'est vrai. Mais nous provenons malgré tout de la même famille. Disons, si tu veux, qu'ils ne sont peut-être pas exactement nos frères, mais ils sont nos cousins. Car nous sommes issus du même arbre généalogique qu'eux. Nous provenons de la même souche et nous avons grandi sur le même tronc mais, à un moment donné, du fait de l'histoire, nous avons formé deux branches distinctes, dans lesquelles coule la même sève. N'oublie jamais cela, Paul. »

Favrier était perdu dans ses pensées et il se souvint de ces heures de plénitude qu'il éprouvait lorsqu'il se trouvait à la Gorge aux Archers en compagnie de sa mère. Les hommes veulent croire que ce sont leurs pères qui leur enseignent la vie, tout cela pour se donner de l'importance et garder l'illusion qu'ils maîtrisent l'ordre des choses et la marche du temps, mais, en réalité, songeait-il, ce sont les mères qui apprennent à leurs fils les lois de l'existence. Tout se transmet et s'est toujours transmis par les femmes, et c'est ainsi depuis l'aube de l'humanité.

De temps à autre, il arrivait qu'un homme, et il pensait alors à Alexandre, César ou Bonaparte, s'imposât dans l'esprit de ses contemporains, qui en gardaient une immense nostalgie qu'ils transmettaient ensuite à leurs descendants. Mais c'était une exception à la règle qui veut que la survie de l'espèce passe par les femmes. Car la loi des hommes est celle de la guerre et les codes des femmes sont ceux de la paix. Voilà ce que se disait Favrier en cet instant.

Sans adresser un regard à ses voisins de chambrée qui vaquaient à leurs occupations, il étendit le bras et se saisit de son quart en fer-blanc. Il le porta à ses lèvres, but une gorgée en se concentrant sur les arômes exhalés par le café, dont le goût était si différent, à cause de l'épaisse couche de marc qui reposait au fond du récipient, de celui qu'il buvait jusqu'à l'écœurement dans les bistrots du quartier de la Sorbonne lorsqu'il était encore étudiant. C'est curieux, se disait-il, de constater combien tout ce que j'ai vécu en France semble prendre une autre signification depuis que je suis arrivé au Liban. C'est comme s'il était écrit que ma vie devait passer par ce pays, comme si là se trouvait la clé de mon destin, que j'avais égarée à Paris.

Et il se souvint soudain, dans un éclair de lumière aveuglante, de cette messe dite en araméen par un prêtre d'origine maronite à laquelle l'avait convié son ami El-Khoury. Cette messe s'était tenue quelques années plus tôt, en l'église Saint Thomas d'Aquin de Paris, par un dimanche ensoleillé de printemps. Il se souvenait que la liturgie avait pris, grâce à cette langue, les sonorités gutturales d'une mélopée des catacombes, où alternaient des moments d'hermétisme et des intuitions de profondeur – et, quand les effluves d'encens étaient parvenus jusqu'à lui, au milieu d'un doux cliquetis de clochettes et de bruits furtifs de froissements d'étoffes lorsque les fidèles s'agenouillaient sur les dalles de pierre calcaire, il s'était dit que ce devait être ainsi que le Christ parlait, de la même voix douce que celle de ce prêtre dont il ne comprenait pas la langue. Il en avait été profondément et durablement impressionné. Et puis il avait oublié. Certes, il s'était promis, en sortant sur cette petite place protégée du vent, qu'il reviendrait aussi souvent que possible assister à la célébration de la messe par ce jeune prêtre aux yeux bruns et ardents. Mais il ne l'avait pas fait. Il n'était jamais revenu écouter ce prêtre maronite dire la messe catholique en araméen et il en concevait aujourd'hui du regret. Comment relier tous les morceaux épars de sa vie ? Au fond de lui, il éprouvait la certitude que cette célébration liturgique en araméen était un des points de vérité culminants de son existence. Mais il n'avait pas su qu'en faire et il était trop tard aujourd'hui pour en tirer le sens – que celui-ci fût caché ou non.

Il se fit la réflexion que son café manquait de sucre, mais il avait épuisé depuis quelques jours sa réserve et il ne voulait pas en demander à ses voisins afin de ne rien leur devoir. C'est étrange, songeait-il maintenant, c'est à croire que tout, depuis que tu es ici, contient une signification, que tout s'ordonne, et parfois même trouve un sens, au point que tu as parfois cette curieuse impression que chaque événement, chaque pensée de ta vie antérieure résonne avec celle d'aujourd'hui. El-Khoury avait raison : ce pays ressemble à l'idée qu'on peut se faire du paradis – même si c'est un paradis perdu à cause de la guerre. Il avala la dernière gorgée de son quart de café en faisant une grimace. Et puis, se dit-il, j'aime l'idée que les habitants de cette région n'aient pas perdu le sens du divin et croient tous en un Dieu. Belleface a raison, lui aussi : c'est de là qu'ils tirent leur force.

« Dis donc, Favrier, t'as entendu ce qu'a dit le Vieux ce matin ? »

C'était Yared qui s'adressait à lui. Il venait d'entrer dans le bungalow et il s'était assis sur le bord de son lit. Il dégrafait à présent la gourde et les cartouchières de son brêlage. Il venait de finir son tour de garde et s'apprêtait à se coucher pour essayer de dormir un peu plus d'une heure.

« À quel propos ? demanda Favrier.

— Il a dit que le Hezbollah était en train de préparer un mauvais coup et qu'il fallait se méfier.

— Il me l'a dit aussi.

— D'après lui, ça viendra par la route. Il croit qu'il faut s'attendre à des attaques à la voiture piégée dans les jours qui viennent.

— Qu'est-ce que tu en penses ? » demanda Favrier.

Yared se releva. Il avait fini de délacer ses rangers et il les glissa avec soin sous son lit aux montants et aux ressorts de fer. Favrier regarda la paire de rangers parfaitement alignée avec les baskets et les tongs de leur propriétaire. L'ensemble était disposé par ordre de taille décroissante. Ayant eu à maintes reprises le loisir d'observer son voisin de chambrée en train de plier et ranger ses affaires avec un soin maniaque, Favrier s'était souvent fait la réflexion que Yared était un homme d'ordre et de précision, qui refusait l'irruption de la fantaisie jusque dans les moindres détails. Avec ses tongs et ses tee-shirts en forme de débardeur, il était fait pour entrer dans l'armée libanaise, pensa Favrier.

De fait, Yared avait servi plusieurs années dans l'armée régulière de son pays, avant de s'engager dans les Phalanges de la famille Gemayel. C'est alors qu'il avait été affecté du côté de Jounieh, à une vingtaine de kilomètres au nord de Beyrouth, où se trouvaient concentrées à cette époque une grande partie des milices chrétiennes chargées de la protection de la capitale libanaise. Puis il était revenu dans le Sud, d'où il était issu, et où vivait encore la majeure partie des siens dans des villages limitrophes de la frontière israélienne. Yared était un tireur d'élite et, comme presque tous les snipers que Favrier avait pu observer, il faisait preuve d'un calme impérieux en toutes circonstances, affichant une constante sérénité qui, au Moyen-Orient, pouvait vite apparaître comme une forme d'indolence, voire de tempérament porté à l'émollience. Il avait la réputation d'avoir été un bon combattant dans les Phalanges mais, l'âge venant, il s'était laissé aller, avait pris de l'embonpoint et peinait à faire plus de cinq kilomètres au pas de course. Mais, à quarante-huit ans, il restait le meilleur tireur de toute leur petite équipe, capable, avec un fusil de précision, de loger une balle dans une pièce de cent livres libanaises à une distance de huit cents mètres. Même Belleface n'était pas en mesure de réussir des tirs si précis.

« Je pense que tous ces gars du Hezbollah sont aussi dingues que les Palestiniens et qu'il faut tous les buter, dit Yared. Tu me donnes un bon fusil et assez de munitions et je te les dégomme tous l'un après l'autre. »

Favrier ne répondit pas.

« Tu sais bien, Favrier, reprit Yared, qu'on ne pourra pas vivre en paix au Liban tant qu'ils seront là.

— Je suis d'accord avec toi, fit Favrier. Mais ce n'était pas ça, ma question.

— C'était quoi, ta question ?

— Je te demandais comment tu voyais les choses.

— Eh bien, je viens de te répondre, fit Yared.

— Non. C'était par rapport à ce que t'avait dit le Vieux. Tu crois qu'ils vont nous attaquer comment ?

— Ils ne peuvent pas nous prendre par-derrière parce que Tsahal tient l'enclave. Ils ne peuvent pas nous prendre non plus par l'est, à cause de la montagne chrétienne, et pas non plus par l'ouest, ou alors il faudrait qu'ils nous attaquent par la plage avec une dizaine de zodiacs qui réussiraient à passer à travers les écrans radars de Tsahal. C'est impossible. Donc ils nous attaqueront par le nord.

— C'est sûr, fit Favrier.

— Le danger viendra de la route de Tyr, c'est certain, dit Yared.

— Tu as raison. Mais s'ils attaquent en nombre, on ne sera pas assez nombreux.

— Favrier, ce n'est pas leur façon de se battre, dit Yared. Tu sais bien comment ça se passe, avec les chiites du Hezbollah ? Ils font fumer de l'herbe à un petit jeune à qui ils ont lavé le cerveau et ils l'envoient ensuite se faire sauter chez nous en lui promettant le paradis.

— Je sais.

— Ce qu'il faut, c'est juste ne pas se trouver de garde à la barrière à ce moment-là. C'est tout.

— C'est bien résumé, fit Favrier.

— Si tu as de la chance, tu passeras à travers. Et si c'est moi qui n'ai pas de chance, c'est moi qui prendrai pour les autres.

— Tu as raison. C'est assez simple, au fond. J'espère qu'on aura de la chance, toi et moi.

— Je l'espère aussi. Mais il ne faut pas s'en faire. Il faut vivre au jour le jour, en essayant de prendre le meilleur de chaque instant. Si tu commences à penser à tout ça… »

Favrier ne répondit pas. Au fond de lui-même, il était persuadé qu'il aurait de la chance et qu'il passerait toujours à travers les mauvais coups.

« Tu sais, on occupe une bonne position, presque imprenable. Et puis on a le Vieux avec nous, reprit Yared qui s'était allongé sur son lit.

— Oui, heureusement qu'on l'a avec nous, fit Favrier. C'est un dur, ce Belleface.

— C'est le meilleur soldat que je connaisse, répondit Yared. Il a fait la guerre d'Indochine française. Et on m'a dit qu'il n'a jamais arrêté de se battre depuis. Ce sont des gars de Tsahal qui m'ont raconté ça il y a six mois – peut-être plus que six mois, peut-être un peu moins, je ne m'en souviens pas exactement. Ils étaient venus passer une semaine avec nous et on avait fait plusieurs séances d'entraînement avec eux, dont une manœuvre groupée qui avait mobilisé deux ou trois autres check-points de l'ALS.

— Et alors ?

— C'est eux qui m'ont dit qu'il avait été colonel dans les commandos de l'armée israélienne. Des commandos ultra-secrets dont personne ne connaît l'existence. Tu vois le genre ? Il commandait une de ces unités d'élite chargées du renseignement, avec des gars capables de se planquer pendant des semaines en territoire ennemi, qui s'enterrent dans le sable ou s'installent en haut des arbres, que personne ne voit, et puis qui frappent soudain et disparaissent ensuite aussi sec.

— Je crois que je vois. Qu'est-ce que tu sais d'autre sur lui ?

— Je sais qu'il n'a pas de famille et on dit que c'est pour ça qu'il n'arrive pas à raccrocher. Tu imagines un homme comme Belleface à la retraite ?

— Non.

— Il a la baraka. Je suis sûr que les balles ricochent sur lui.

— Oui, tu as raison. Je crois qu'il nous porte chance. Mais tu es sûr qu'il s'appelle Belleface ? On m'a dit que ce n'était pas son vrai nom, fit Favrier.

— On me l'a dit aussi, mais je n'en sais rien. Qui t'a dit ça ?

— C'est Nader.

— Il ne m'en a jamais parlé. Mais ça se pourrait bien.

— C'est sûr que ça ne sonne pas vraiment juif, comme nom, dit Favrier.

— Ah ça !

— Cela pourrait coller, toute cette histoire de pseudonyme, reprit Favrier. Je sais que dans la Légion, on s'engage la plupart du temps sous un nom d'emprunt. C'est peut-être ce qu'il a fait.

— C'est possible. Comment tu sais ça ?

— C'est un des frères de mon père qui me l'a dit. Il était dans la Coloniale. Il a fait les guerres d'Indochine et d'Algérie.

— Qu'est-ce qu'il est devenu ?

— Il a démissionné de l'armée française à la fin de la guerre d'Algérie.

— Ah bon ? Pourquoi ?

— Il n'était pas d'accord avec de Gaulle.

— Je sais qu'elle a été dure pour les Français, cette guerre d'Algérie », dit Yared. Après un silence, il reprit : « C'était déjà une guerre contre les musulmans.

— C'était une guerre civile. On peut dire que c'était un peu comme ici.

— Tu ne peux pas comparer.

— Si. Et tu verras qu'un jour, tu seras accusé d'avoir collaboré avec les Israéliens, comme les harkis ont été accusés de collaborer avec les Français.

— Qu'est-ce qu'ils sont devenus, ces harkis ?

— Ils ont été massacrés par les Algériens. C'est pour ça que mon oncle a quitté l'armée.

— Ne t'inquiète pas pour moi, Favrier, je les attends, les muslims. Je saurai me défendre, fit Yared.

— Si ça dégénère totalement, il faut espérer qu'Israël vous accueillera.

— On verra. Mais en ce qui me concerne, je resterai ici quoi qu'il arrive. C'est chez moi, ici. Ma famille vit là depuis toujours, là-haut dans la montagne. On se défendra mais on ne partira pas. Je préfère mourir que de partir. »

Ils se turent pendant quelques instants.

« Et toi, Favrier, tu feras quoi si ça tourne mal ?

— Je ne sais pas.

— Tu rentreras en France ?

— Un jour, sans doute. Mais j'ai envie de voir du pays avant.

— Je comprends. »

Ils se turent de nouveau.

« À ton avis, quel âge il a ? demanda Favrier.

— Qui ça ?

— Belleface.

— Je dirais une bonne cinquantaine, répondit Yared en ouvrant une cannette de bière.

— Oui, je pense comme toi. Il doit avoir dans les cinquante-cinq ans », dit Favrier.

Il se tut. Il pensait au Vieux et il se disait que leur chef était un vrai guerrier. Les autres hommes du checkpoint partageaient son avis : Belleface concentrait en lui tant d'aptitudes pour le combat et d'expérience de la guérilla qu'ils se sentaient tous en sécurité à ses côtés. En quelques mois, le jeune Français avait pu observer combien leur chef dégageait de charisme et d'autorité auprès de chacun d'entre eux. Il réfléchissait et entreprit d'énumérer en lui-même les mérites du Vieux. Premièrement, il manifestait de la clairvoyance dans ses jugements. Deuxièmement, il faisait preuve de prudence dans ses actions. Troisièmement, il insufflait de la force dans chacun de ses gestes et initiatives. Par conséquent, ses hommes savaient qu'il avait longuement pesé le pour et le contre avant de prendre une décision, quelle qu'elle fût, même une décision en apparence simple, ou lorsqu'il entreprenait de les lancer dans une opération plus complexe. Et s'il fallait improviser dans l'urgence parce qu'un événement imprévu survenait, son expérience lui permettait d'effectuer les bons choix. Belleface représentait comme une somme, se disait Favrier, qui tombait juste à chaque fois, de toutes les qualités requises pour constituer le parfait soldat professionnel.

Le jeune homme était pris dans ses pensées. Une autre idée venait de lui traverser l'esprit, et elle lui plaisait. Au-delà du profil-type du soldat de métier, Belleface n'en avait-il pas un autre ? N'incarnait-il pas, dans une sorte de traduction concrète, rugueuse et contemporaine, l'allégorie du juif errant ? Non, en réalité, cela ne collait pas vraiment, pensa-t-il. Car le Vieux n'avait rien à voir avec le mythe dont lui avait parlé sa mère lorsqu'il était adolescent. Belleface n'était pas un personnage à caractère religieux et il n'attendait rien de la vie ni de personne. Trois minutes de conversation avec lui suffisaient pour en être convaincu. Quoique… se dit Favrier, les perpétuelles références du Vieux à *L'Ecclésiaste* lui conféraient parfois une dimension métaphysique. Et puis, comme dans le mythe du juif errant, il y avait quelque chose en lui de tragique et de légendaire qui le rendait attachant et mystérieux. Quelle pouvait bien être son histoire personnelle ? D'où tirait-il cette force et cette apparence d'éternité qui émanaient de lui sans qu'il eût un seul geste à faire ?

Il entendit Yared ouvrir une nouvelle cannette, puis la poser sur la table, et il se demanda comment ce dernier pouvait boire de la bière si tôt dans la matinée. Favrier avait plutôt envie de reprendre un café. Mais cela impliquait de se lever, de renfiler sa paire de rangers, de sortir du bungalow pour aller rincer la cafetière et la remplir au pied de la citerne d'eau, qui se trouvait à une trentaine de mètres de leur baraquement, puis de rebrousser chemin sous le soleil dont les rayons prenaient déjà de la puissance, de revenir sur ses pas, de pousser la porte et de s'avancer jusqu'à son lit pour, enfin, préparer son café et faire bouillir l'eau sur son réchaud à gaz. Cet effort lui parut presque surhumain et, la chaleur étant déjà oppressante, il résolut de ne pas bouger. Et puis, pensa-t-il, son tour de garde allait bientôt revenir. Il se demanda s'il n'allait pas plutôt se lever pour aller chercher une cannette de Coca dans le petit réfrigérateur qui se trouvait à droite de la porte d'entrée de leur bungalow, à quelques mètres de lui seulement.

Quel étrange nom, se disait-il pendant qu'il relaçait ses rangers, que celui de Belleface. On voudrait l'inventer que l'on n'en trouverait pas de meilleur, pensa-t-il, même s'il y avait quelque chose d'irréel à s'appeler Belleface parce que cela paraissait trop orgueilleux, trop chevaleresque, trop majestueux. Trop tout, en quelque sorte. C'était un nom qui se situait au-delà des espérances qu'étaient en mesure de formuler les chroniqueurs de l'Antiquité et de toutes les licences et libertés qu'ils pouvaient s'autoriser, Homère y compris. Jamais les scénaristes d'Hollywood n'auraient eu l'audace d'imaginer ce patronyme pour un personnage. Un romancier tel que Stendhal non plus, et Balzac pas davantage. Et cela valait aussi pour les autres. Car Belleface, c'était encore mieux que Cyrano ou d'Artagnan.

Tout bien réfléchi, songeait Favrier, cela aurait pu être le patronyme de tous les hommes qui s'efforçaient d'être des hommes, de tous les hommes qui essayaient de se tenir droit – c'est-à-dire de ceux qui tâchaient de se comporter de façon belle et noble. C'était un nom qui pourrait définir la condition humaine, en quelque sorte, une condition humaine imparfaite et douloureuse mais, dans le même temps, digne et courageuse, cherchant, face à la souffrance, une forme d'impassibilité – mais en aucun cas d'insensibilité. C'était le patronyme dont Favrier aurait rêvé pour lui-même, à condition de se sentir aussi fort que l'était Belleface – ce qu'il n'était pas. Il n'en restait pas moins que c'était un nom très difficile à porter, d'autant que le Vieux lui-même n'était pas beau – et, d'ailleurs, là n'était pas la question. Mais ce nom lui allait à merveille, comme, chez certaines femmes, le fait de se prénommer Diane ou Victoire devient un atout, même lorsqu'elles souffrent d'une disgrâce physique, par la simple force que possèdent quelques vocables chargés d'une longue histoire parfois glorieuse.

Favrier se souvint soudain de ce que leur avait raconté un soir un ami de ses parents, qui s'était invité à dîner dans d'étranges circonstances à la Gorge aux Archers. Romancier connu et apprécié d'un large public, cet homme s'était employé, au cours de la soirée, à charmer sa mère, à qui il vouait un amour éperdu bien que non payé de retour. Très en verve ce soir-là, il avait eu recours à tous les artifices dont il disposait dans sa batterie de séducteur. Il avait notamment développé une idée qui était apparue d'une grande vérité à Favrier. « Lorsque je dois nommer un personnage dans un de mes romans, expliquait-il au cours du dîner, dans le brouhaha de la conversation et le cliquetis des couverts sur les assiettes, je commence par consulter de vieilles correspondances du XVIIIe siècle, des faits divers dans les journaux du XIXe siècle ou des annuaires du XXe siècle. Et puis je finis par choisir un patronyme éteint ou oublié de tous. Parce que, concluait-il avec autant d'éclat que de fierté manifeste, j'ai observé que le nom d'un personnage de fiction ne paraît véridique, et donc crédible, que s'il a été réellement porté par quelqu'un dans la vraie vie. » Durant quelques instants, Favrier se demanda si le nom de Belleface avait déjà été attribué par le passé à une personne, un homme ou une femme, voire à une famille entière. Il se promit de compulser un annuaire pour vérifier tout cela dès qu'il rentrerait à Paris.

« Ce qui est sûr, c'est que Belleface est un nom qui lui va bien, reprit Favrier.

— Tu as raison. Je ne vois pas une femme s'appeler comme ça, répondit Yared.

— En théorie, cela pourrait être possible. Mais une fois qu'on l'a connu, lui, ce n'est plus possible. »

Favrier s'était relevé. Il se préparait. C'était bientôt son tour de reprendre la garde. Il rassembla ses affaires sur son lit, cartouchières, casque et gilet pare-balles. À ce moment-là, ils entendirent du bruit à l'extrémité du bungalow. Puis ils virent la porte s'ouvrir d'un coup sec. C'était le Vieux qui entrait dans le bungalow.

« C'est ton tour de garde à la barrière, dit Belleface en s'adressant à Favrier. Nader t'attend pour pouvoir prendre son temps de repos. »

Favrier se leva et se saisit de son harnachement. Il enfila son brêlage et referma son ceinturon de cuir. Puis il se dirigea vers la porte et attrapa au passage son fusil qui reposait, la crosse en bas, dans le râtelier fixé contre le mur de l'entrée.

« Dis donc, Favrier. Tu oublies quelque chose, dit Belleface.

— Quoi donc ?

— Ton casque !

— Tu crois vraiment que c'est nécessaire ?

— Écoute, d'habitude, je ferme les yeux. Mais là, je te demande de le porter.

— Il fait tellement chaud, répondit Favrier.

— C'est un ordre, dit Belleface.

— OK, chef », fit Favrier en attrapant son casque qui pendait au mur, accroché à un clou par la jugulaire.

Il était un peu moins de dix heures du matin lorsqu'il sortit du bungalow pour aller prendre son tour de garde dans le shelter qui se trouvait à côté de la barrière.

Ras-el-Bayada, le 7 mai 1985, 18 h 30

Belleface venait de sortir du bungalow et il se préparait à effectuer sa ronde. À intervalles irréguliers, et avec des itinéraires variables, il accomplissait plusieurs fois par jour le tour de leur campement, poussant son inspection jusqu'en bordure des plus lointains champs de barbelés, évitant soigneusement les mines qui avaient été enterrées çà et là sur ses instructions, selon un ordre aléatoire dont il était le seul à discerner la logique. Leur territoire, qui devait représenter un peu plus d'un hectare, n'avait plus de secrets pour lui. Il en connaissait par cœur chaque repli, chaque accident de terrain, ainsi que l'emplacement de chaque pierre ou buisson. L'un des hommes de l'équipe déplaçait-il un bloc de roche pour s'y asseoir au cours d'une garde que Belleface le remettait quelques heures plus tard dans sa position initiale. Il avait besoin que leur univers de défense fût clos et immuable pour y déceler l'intrusion éventuelle d'un visiteur ou le mouvement d'un ennemi.

Parfois, il se faisait accompagner pour ces patrouilles par l'un de ses hommes et, le temps passant, il s'était aperçu que la compagnie qu'il préférait était celle de Favrier. Avec lui, il se sentait en confiance et n'éprouvait pas la nécessité de se comporter comme le chef qu'il était pour les autres. Il percevait entre le jeune homme et lui de nombreux sujets de connivence, parfois même une réelle complicité. Dans ces moments-là, il voyait en la personne du Français comme un élève qu'il lui appartenait de former et d'instruire à l'art de se battre et de survivre.

Mais il discernait aussi en lui-même un mouvement plus profond, qui n'avait rien de rationnel car il appartenait à l'ordre du cœur et non de l'esprit, et qui était le désir de protéger Favrier. La vie ne lui avait pas permis de fonder une famille, et encore moins de s'encombrer d'enfants mais, à mesure que le temps passait, le Vieux se disait que le jeune Français pourrait bien devenir, d'une certaine façon, le fils qu'il n'avait pas eu.

Belleface était le premier surpris de l'état et de la teneur de ses réflexions. Tu vieillis, songeait-il alors. Tu fais dans le sentiment et tu deviens comme tant d'hommes qui s'accouplent parce qu'ils ne songent qu'à se reproduire. Jusqu'à présent, tu es parvenu à évacuer toute forme de sentimentalisme de ton existence. Tu ne vas pas t'y mettre à ton âge ! Mais les élans du cœur, qu'ils soient d'ordre amoureux ou de nature paternelle, se jouent des injonctions de la conscience. Et, au fond de lui, Belleface n'était pas mécontent de spéculer avec l'idée qu'un jeune homme, qu'il aurait choisi parmi tant d'autres, pourrait lui survivre et prendre son relais. Il y avait là comme un succédané d'instinct paternel qui lui convenait très bien.

Il se tenait maintenant à une dizaine de mètres du bungalow, sur le terre-plein abrité par un haut remblai de terre, et il se demandait par quel côté il commencerait sa ronde. Il opta pour un tour par le nord, où se trouvait la barrière du check-point. Il fit quelques pas en direction du shelter dans lequel se tenait Elias Daaboul. Alors que la file de voitures s'étirait sur vingt mètres une heure plus tôt, il n'y avait à présent plus aucun véhicule en attente de passage. Le Vieux pensa que la plupart des Libanais devaient être déjà rentrés chez eux pour se préparer à dîner. Il regarda le ciel qui avait pris une teinte d'un bleu profond. Il réfléchissait en marchant. Il en éprouvait le besoin parce qu'il sentait de manière confuse le danger planer autour d'eux même s'il était incapable de prédire quand, et comment, il fondrait sur eux. Mais il savait d'intuition, comme tous les hommes du check-point, que le point faible de leur dispositif était la barrière qui se dressait sur la route de Tyr.

En pensée, il imaginait les différents scénarios possibles. Une attaque groupée par la route après une heure et demie de faction de l'un d'entre eux, au moment où l'attention de la sentinelle s'émousse ? C'était peu probable. Pour les combattants du Hezbollah, cela supposait de pouvoir s'avancer à découvert jusqu'au check-point. Afin de passer inaperçus, il leur faudrait juste emprunter des véhicules civils, ce qui ne présentait aucune difficulté pour eux. Mais les djihadistes chiites n'étaient pas encore assez nombreux dans le Liban-Sud pour se permettre ce type d'assaut qui, s'il voulait espérer une quelconque chance de succès, devait avoir été conçu au préalable, puis être coordonné dans sa mise à exécution. Le Hezbollah y parviendrait-il que les services de renseignement israéliens en seraient aussitôt informés par l'entremise de leurs vigies disséminées un peu partout sur le territoire libanais.

Une offensive de nuit par la colline ? C'était envisageable, à condition que les assaillants se déplacent à pied, dans l'obscurité, sans émettre un bruit, et qu'ils parviennent à déjouer la surveillance des sentinelles du check-point. Mais il leur faudrait alors traverser les champs de mines. Or les emplacements de celles-ci étaient imprévisibles. Non. Ce n'était pas plausible, songeait Belleface. Il faudrait être fou pour s'y risquer.

Restait l'attaque à la voiture piégée, qui demeurait possible malgré les obstacles antichars, les hérissons tchèques et autres chevaux de frise installés autour du check-point. La tactique du pauvre, en quelque sorte, mais le mode opératoire préféré du Hezbollah. Malheur à ceux d'entre eux qui se trouveraient ce jour-là près de la barrière.

Et si ce devait être mon tour ? Et si c'était moi qui devais me trouver ce jour-là près de la barrière ?

Belleface s'interrogeait. Il s'était arrêté de marcher et il regardait maintenant l'orangeraie qui s'élevait un peu plus loin, au nord, juste après le carrefour, là où la route côtière permettait de bifurquer en direction de la vallée d'el-Heniye et de s'enfoncer vers l'intérieur des terres. Il observa les feuilles des arbres placés en lisière de la plantation trembler sous l'effet d'un léger coup de vent. C'était le moment de la journée qu'il préférait. C'était aussi l'heure pour les soldats de rêver ou de se souvenir. Tout paraissait immobile. La chaleur avait cessé de fondre sur eux et la lumière changeait de nature, parant la mer, le ciel et les collines environnantes de couleurs magnifiques, donnant à leur environnement dévasté par la guerre un caractère presque sensuel. Il se retint de respirer pendant quelques secondes pour écouter le silence. Au loin, il entendit le bruit d'un moteur de mobylette.

Et si je devais mourir demain ou après-demain ? Il s'interrogeait et il s'étonnait de ne pas s'émouvoir outre mesure à cette idée. Ce serait juste le bout de la route, se dit-il. Ou, plus exactement, ce serait comme le terminus d'une ligne de métro, la ligne B, comme Belleface. Ce serait la dernière station d'une route longue et dangereuse, où sont survenus tant d'accidents que tous ceux que j'aimais sont morts en chemin. En fait, ce serait tout simplement la fin de l'histoire. La fin de mon histoire, se dit-il, et donc aussi celle de tous les miens. Est-ce si grave ? se demanda-t-il. Le regret de n'avoir personne qui lui survive l'effleura de nouveau mais il chassa vite cette idée. Car il éprouvait la certitude que le monde à venir serait tout aussi meurtrier que celui dans lequel il avait vécu. Dans ces conditions, à quoi bon lancer et promouvoir dans l'existence des enfants qui finiraient, un jour ou l'autre, par se déclarer la guerre et la faire ?

Belleface était convaincu que le cycle des hostilités commencé avec le siècle n'était pas achevé. Depuis quarante ans, il faisait la guerre ou il s'entraînait à la faire – ce qui revenait à peu près au même. Les guerres et les campagnes, il les avait enchaînées, les unes après les autres, sans jamais connaître de répit, et, selon toute vraisemblance, cet engrenage mécanique continuerait à fonctionner ainsi après lui. Parfois, il songeait que peu de peuples, au cours de la période récente, avaient été, autant que le sien, contraints de se battre sur une si longue durée.

Cela avait commencé avec la montée du nazisme. Plusieurs générations des siens avaient été victimes de la folie meurtrière d'un homme qui projetait leur anéantissement. On aurait pu penser que ses contemporains en tireraient les leçons, mais la chute d'Hitler n'avait pas mis un terme aux manifestations d'hostilité envers les juifs : celles-ci s'étaient simplement déplacées en un autre lieu géographique. Au point que, depuis la création de l'État d'Israël, chaque génération du peuple hébreu avait eu son conflit armé.

Et, Belleface le pressentait, la guerre du Liban ne serait pas la dernière sur cette partie de la terre, où les hommes semblaient, depuis la nuit des temps, avoir décidé de combattre jusqu'au dernier jour. Il ne voyait pas, en effet, pourquoi les choses changeraient. Tant qu'il y aurait des hommes, pensait-il, les juifs se verraient reprocher d'exister. C'était ainsi, hélas. Et c'était ainsi depuis toujours. Il y a de ces malédictions qui vous survolent, ou vous suivent, parfois vous abattent, aussi injustes que peuvent l'être certaines destinées tragiques ou funestes. Pourquoi ? Il n'en savait rien. Il laissait la recherche d'explications aux intellectuels. Son boulot à lui, c'était de combattre et de protéger cette terre promise : Israël.

Il fit un demi-tour sur lui-même pour contempler le paysage. Le ciel prenait maintenant une teinte bleu marine. Belleface vit Favrier sortir du bungalow, torse nu, avec une serviette roulée autour du cou et une trousse de toilette à la main. Il le suivit des yeux tandis qu'il se dirigeait vers la citerne d'eau. C'était là, au pied de cette grosse barrique de fonte, posée à même la plate-forme d'un vieux camion rouillé, qu'ils se lavaient à l'aide d'un tuyau d'arrosage. Depuis quelques jours, l'eau était de nouveau chaude, alors qu'elle leur avait paru si froide certains matins d'hiver.

Qu'est-ce que cela fait de mourir ? Après tout, songeait-il, c'est juste un mauvais moment à passer. Et, même si l'on est très salement blessé, ce n'est encore qu'un mauvais moment à passer. Avoir mal n'est rien. Il le savait, car il avait été blessé à trois reprises en Indochine, dont une fois méchamment. On souffre, mais on s'en remet. Mourir, c'est autre chose. C'est une conclusion définitive. Mais, en vérité, qu'est-ce que cela change ? Rien. Il le savait très bien. « Et j'ai trouvé les morts qui sont déjà morts plus heureux que les vivants qui sont encore vivants », dit *L'Ecclésiaste* dans le verset II du chapitre IV. Il murmura entre ses lèvres le verset suivant, qui est sans espoir, mais si conforme à ce qu'il avait appris de l'existence : « Et j'ai trouvé plus heureux que les uns et les autres celui qui n'a point encore existé et qui n'a pas vu les mauvaises actions qui se commettent sous le soleil. »

Belleface sortit de sa poche son paquet de cigarettes, en tira une qu'il alluma. Il mourait d'envie de boire une rasade d'eau fraîche et il fumait pour apaiser ce désir. La mort ne lui faisait pas peur et il saurait l'accueillir lorsque son tour viendrait. De cela, il était sûr. Comme il était certain qu'il partirait sans regrets. Au fond, se disait-il à présent, la vie était à l'image d'un manège de chevaux de bois. Au début, on tourne sans s'arrêter, et l'on croit que la ronde ne s'interrompra jamais, parce que la musique de fête foraine est douce comme l'enfance et qu'elle vous enivre, et l'on s'enhardit alors, et l'on commence à y croire, certain que l'on est de pouvoir dominer le mécanisme du manège, ce manège qui est un autre mot pour désigner la destinée, et l'on s'efforce d'attraper les anneaux à l'aide d'un bâton que l'on tient avec fierté au bout du bras tendu, à la manière d'un chevalier qui charge au cours d'un tournoi avec sa lance portée en avant, et tout cela sans imaginer qu'il faudra bien finir un jour par descendre de son destrier de bois, car vient un moment où l'on en tombe, par fatigue, par inadvertance ou du fait d'un événement extérieur, et la musique expire alors comme dans un dernier souffle. Trois petits tours et puis s'en vont, dit la chanson.

Il lui revint en mémoire un matin d'hiver où sa mère l'avait emmené se promener dans un jardin public de Varsovie. L'air était glacial, ce jour-là, et il se souvenait très bien qu'il pouvait sentir l'onglée lui piquer l'extrémité des doigts à travers ses gants de laine. Ils avaient été attirés par la rengaine qu'émettait l'orgue de Barbarie d'une attraction pour enfants. Lorsqu'ils eurent atteint le manège, sa mère l'avait juché sur un cheval de bois et, tout de suite, il s'était senti à son aise, dominant le monde depuis sa monture inanimée, et il avait pu éprouver une forme d'orgueil et de présomption. Ainsi font, font, font, les petites marionnettes ; ainsi font, font, font, trois petits tours et puis s'en vont. Non, il n'avait pas peur de mourir. Mourir, c'était juste s'en aller après avoir fait quelques tours dans le manège de l'existence.

La question de sa survie par le biais d'un autre être revenait le visiter. Certes, le nom de son père disparaîtrait s'il n'avait pas d'héritier, mais, après tout, qu'est-ce qu'un nom ? Lui-même n'en avait-il pas changé ? Certains hommes prétendent que le nom est une partie constitutive d'un être humain, au même titre que la couleur de ses yeux ou de ses cheveux.

Ce n'étaient que des balivernes, pensa-t-il. En ce qui le concernait, il n'avait jamais regretté la décision de changer de patronyme. Ne se sentait-il pas lui-même sous le nom de Belleface ? D'une certaine manière, Ariel Perlman était mort pour toujours quarante ans plus tôt. Un autre homme était né alors, qui s'appelait Belleface. Et ce nouvel homme, plus fort, ayant tourné les pages du passé, concentré sur l'essentiel, c'était lui.

Mais, au-delà du nom, se disait-il encore, il y avait aussi la question du sang. Ne pas être père, n'avoir enfanté ni garçon ni fille, signifiait, pour lui qui n'avait plus de famille, que les lignées des Perlman et des Wilner s'éteindraient avec lui, que leurs sangs respectifs cesseraient de couler sur cette terre. Pfft, soufflat-il en lui-même. Les miens n'ont-ils pas assez abreuvé la terre avec leur sang et leurs viscères ? Les cimetières de Pologne et d'ailleurs sont pleins des corps de ceux qui ont formé et fait ma famille. Une fois que j'aurai quitté tout cela, pensait-il, ce sera aux autres de souffrir, de perdre leur sang et de nourrir le sol avec leurs dépouilles. Depuis que le monde est monde, et que les hommes meurent les uns après les autres, les corps se dessèchent au soleil ou se décomposent dans la boue. La terre est pleine des cadavres de ceux qui nous ont précédés et nous marchons sur les morts. C'est ainsi et ce sera toujours ainsi. Un de plus ou de moins ne changera rien à l'affaire. Voilà ce que croyait Belleface.

Le Vieux n'avait pas bougé. Il était plongé dans ses réflexions et il se tenait debout, la kalachnikov en bandoulière, en position de semi-repos. Il percevait sur son visage la force des rayons du soleil qui réchauffaient doucement son épiderme. La sensation n'était pas désagréable. C'était un plaisir de fin de journée de printemps, une douce chaleur qui s'emparait de lui, se diffusait dans tout son être et se propageait jusqu'aux extrémités de ses membres. Il aimait cette saison plus que toutes les autres car c'était le moment de l'année où les feuilles des arbres prenaient une couleur d'un vert tendre et soyeux. Il savait d'expérience que la poussière viendrait recouvrir toute cette beauté au cours des trois mois qui allaient suivre, donnant aux feuilles des orangers et des bananiers qui se trouvaient en lisière de la route une teinte aussi grise, sèche et cassante que celle des eucalyptus. Encore quelques semaines à attendre et il pourrait de nouveau humer chaque jour le parfum des orangers, pensa-t-il. Il suivait du regard la ligne d'horizon qui se brisait lorsqu'elle quittait la mer et rejoignait la terre.

Alors qu'il scrutait la route en direction de Tyr, discernant au loin les taches blanches que formaient dans le paysage les ruines de la ville antique, il murmura entre ses lèvres : « J'ai observé toute l'œuvre de Dieu : l'homme ne peut découvrir toute l'œuvre qui se fait sous le soleil ; quoique l'homme se fatigue à chercher, il ne trouve pas. Et même si un sage dit qu'il sait, il ne peut trouver. » Ces versets de *L'Ecclésiaste* le réconfortaient. Il savait par intuition que la compréhension du grand mouvement du monde lui échappait et lui échapperait toujours. Et cela ne le gênait en aucune manière. Belleface n'avait pas la prétention de dominer le cours des choses. L'âge avançant, il entendait plutôt se couler dedans, sans faire de bruit, sans être vu, pour tout oublier, de la marche du monde et de la cruauté des hommes, qui le heurtaient tant parce qu'elles offensaient l'idée qu'il se faisait du devoir qui incombe à l'homme lors de son passage sur terre.

D'un geste machinal, il écrasa du talon son mégot de cigarette et il s'épongea le front avec la manche de son treillis. Il vit Favrier traverser de nouveau son champ de vision. Le jeune homme avait fini ses ablutions et il revenait à présent vers le bungalow. Le Vieux crut l'entendre siffloter. Le Français se déplaçait d'une démarche tranquille, qui lui parut légère, presque guillerette. Favrier avait noué sa serviette autour de sa taille, tenait serrée sa trousse de toilette entre le torse et le bras gauche et, tout en marchant, il se passait un peigne dans les cheveux avec la main droite. Belleface le vit entrer dans le bungalow et refermer la porte derrière lui.

Je me sens bien, ici, pensa-t-il. Je me sens presque en paix. Quand j'y pense, c'est fou ce qu'il aura fallu que je fasse, et par quoi il aura fallu que je passe dans ma vie pour me sentir aussi calme et apaisé qu'aujourd'hui. Tenir un check-point : ce type de mission me convient parfaitement. Je crois que je ne pourrais plus crapahuter ou sauter en parachute comme autrefois. Les opérations de commando, les marches forcées dans la jungle, les assauts contre des terroristes qui se protègent derrière des otages, je n'ai plus l'âge à ça. J'ai besoin de poser mon sac quelque part, de souffler un peu, de caler mon vieux corps au fond d'un fauteuil et de réfléchir. Réfléchir et regarder, parce que cela me détend, de voir vivre les gens et d'observer les choses se faire toutes seules. Et il pensait en lui-même : car le plus incompréhensible, dans tout cela, c'est qu'il suffit de regarder les choses pour qu'elles se fassent sans nous.

Et puis, se disait-il encore, je préfère ce climat à ceux de l'Indochine ou de l'Europe centrale. C'est un meilleur climat pour mes vieux os. En fait, si je réfléchis bien, je crois que j'ai enfin trouvé ma place. J'ai un boulot routinier, que je connais dans les moindres détails, une petite équipe à commander, des bons gars, avec Favrier que j'apprécie plus que les autres, un niveau de discipline que je définis moi-même, et des supérieurs lointains dont je ne dépends plus tout à fait. Rien ne pouvait mieux me convenir que cette situation.

Il vit s'ouvrir la porte du bungalow. Favrier en sortit, accompagné de Nader. Le Français s'était rhabillé et il semblait être en grande discussion avec le maronite. Lorsqu'il le vit rire aux éclats, Belleface comprit que les deux hommes blaguaient. C'est bien, pensa le Vieux, qu'on ait Favrier avec nous. Il nous apporte quelque chose que nous n'avions pas. Une forme de fraîcheur ou d'innocence, je ne sais pas trop, et puis de l'insouciance et de la joie de vivre. Ce n'est pas encore un soldat mais je vais le former comme s'il était mon fils...

Favrier se dirigeait vers lui et Belleface fit quelques pas à sa rencontre.

« Tu m'accompagnes ? Je vais faire un tour, dit-il.

— Allons-y », répondit Favrier.

Et ils partirent faire leur patrouille. Ils tournèrent le dos à la mer et ils prirent dans la direction de l'est, vers l'intérieur des terres. Ils marchaient lentement. Ils prenaient le temps de tout observer, depuis le réseau de fils de fer barbelés jusqu'aux traces sur le sable, guettant le moindre signe suspect. Parfois ils s'arrêtaient quelques instants et ils devisaient tranquillement.

« Au fait, Favrier, fit Belleface, je n'ai pas encore eu le temps de te prévenir mais nous attendons ce soir l'arrivée d'un renfort de Tsahal.

— Ah bon ? » répondit Favrier. Il tenait son fusil avec une nonchalance qui agaça Belleface. Mais le Vieux ne lui fit pas de remarque.

« Oui, dit Belleface sans rien ajouter.

— Il se passe quelque chose de particulier ? demanda Favrier.

— Je te l'ai dit. Je sens qu'il se prépare quelque chose.

— Qui sont les gars qui viennent nous rejoindre ?

— Un équipage de char Merkava. Et peut-être quelques hommes en plus. Ils devraient arriver avant la nuit.

— C'est toi qui as demandé du renfort ?

— Oui », fit Belleface.

Ils reprirent leur marche et entreprirent de gravir la colline. Au cours de leur ascension, Belleface se disait en lui-même : « Ne montre rien à Favrier. Il ne doit pas deviner ton appréhension. Il ne faut même pas qu'il perçoive le moindre de tes doutes ou de tes pressentiments. Les autres hommes non plus. Ils doivent garder l'esprit léger. Et il faut pour cela que tu les décharges des soucis qui surgissent dès qu'on se met à trop penser. C'est ton rôle, et pas le leur, de prévoir ce qu'il peut se passer, et de gérer les situations quand elles se présentent, les plus inattendues comme les plus compliquées. C'est ça, ton job, mon vieux Belleface, pensait-il à cet instant. Et maintenant, se dit-il encore, il faut que tu cesses de parler à Favrier comme s'il était un ami de longue date – ou comme s'il était ton fils. »

Son fils ? Et pourquoi pas ? Pour la première fois, cette pensée s'imposa soudain à lui, avec la force et la clarté d'une illumination. Oui, Favrier aurait tout à fait pu être son fils. Compte tenu de son âge, il aurait très bien pu avoir été conçu avec Ruth vingt-cinq ans plus tôt, à l'époque où ils s'aimaient l'un et l'autre de toutes leurs forces. Il avait les cheveux noirs comme elle, mais elle avait les yeux bleus quand ceux de Favrier étaient bruns. Il y avait malgré tout comme un air de famille entre eux. Si tel avait pu être le cas, Favrier serait un souvenir vivant de sa chère Ruthy. Ce n'était en aucune manière la vérité, mais cette fiction était plausible, et Belleface prenait du plaisir à imaginer que Favrier aurait pu être le fils qu'il n'avait jamais eu avec Ruth. Et les pensées et les sentiments se cognaient et s'enchaînaient en lui, tout cela dans un grand désordre, et tout ce grand mouvement de conjectures et d'émotions était désormais formulé dans son esprit et ressenti au fond de son cœur comme une évidence, et il s'en étonnait, lui qui croyait avoir tout vu et tout connu, s'estimant incapable d'aimer quiconque depuis la mort de sa mère et celle de Ruth.

En cet instant se déroulait en lui le vieux combat, à l'issue toujours incertaine, entre les lois du cœur et les édits de la raison. Sans l'avoir jamais su, le Vieux, homme accoutumé à vivre sans femme depuis des années, aspirait au plus profond de lui-même à avoir un fils. Il éprouvait le désir de savoir qu'un être vous survit, vous prolonge et vous perpétue, mais il ne s'était jamais avoué ce besoin qui lui apparaissait en cet instant comme une révélation. Favrier pourrait être mon fils, se répétait-il. Favrier pourrait être mon fils, le fils que je n'ai pas eu et que j'attendais sans le savoir. Tout en marchant, il se murmurait en lui-même ces quelques mots, des mots qui le rendaient heureux car ils brisaient sa solitude, et c'étaient les mots d'une reddition du cœur. Pourtant, Belleface n'avait jamais été le genre d'homme à se rendre.

Ils se taisaient alors qu'ils grimpaient sur le sentier qui menait au mirador et le Vieux pouvait entendre le souffle du jeune homme dans son dos. Passé les premiers mètres en pente douce, la colline changeait brusquement de physionomie, prenant des contours escarpés, et le cheminement devenait malaisé entre les rochers aux arêtes saillantes et les massifs d'épineux qui longeaient la piste poussiéreuse, creusée par les passages quotidiens des patrouilles menées par les hommes de son équipe. Belleface ressentait une joie profonde, qu'il n'avait jamais éprouvée jusqu'alors. Et il se rendait à cette douce décision : il traiterait désormais Favrier comme s'il était son fils. D'ailleurs, n'avait-il pas déjà commencé à l'aimer ? Et ce dès le premier jour ?

Il se remémorait le jour de son arrivée parmi eux. Dès le début, Belleface avait trouvé Favrier plaisant, parce que sombre et exalté. Un peu gauche et fragile, aussi, mais mystérieux, et très différent des autres. Différent comme il l'était lui-même, et conscient de son étrangeté. Et c'était comme si le moment qu'il attendait depuis tant d'années était enfin arrivé. La réconciliation avec l'histoire de sa famille martyrisée n'avait pu se faire du temps de Ruth car elle était morte trop tôt, dans le sang et la violence une fois de plus, sans avoir eu le temps de lui donner un fils. Avec Favrier, il pressentait que la vie lui offrait la possibilité de trouver enfin la consolation qu'il cherchait. Et il ne savait plus que penser ni dire.

Les deux hommes s'étaient arrêtés de marcher et ils regardaient au loin la succession de collines qui se déployaient vers l'est. Celles qui se trouvaient à proximité du rivage méditerranéen présentaient un relief accidenté, avec un enchevêtrement de roches et de buissons denses et impénétrables. Les collines les plus hautes, qui étaient aussi les plus lointaines, qu'ils pouvaient apercevoir dominant les premières, dévoilaient des sommets dénudés ou des monts pelés. De temps à autre, ils pouvaient y distinguer, grâce à leurs ombres qui s'étiraient sur le sol, les silhouettes d'un troupeau clairsemé de chèvres ou de moutons en train de pâturer.

« C'est un peu comme dans *Le Désert des Tartares* », dit Favrier avec une expression qui n'attendait pas de réponse. Il observait le panorama d'un air songeur et il paraissait plongé en lui-même.

« Que veux-tu dire ? demanda Belleface au bout d'un long moment de silence.

— C'est un roman, répondit Favrier.

— Et alors, fit Belleface, quel rapport ?

— C'est un roman qui raconte l'histoire de soldats en train d'attendre une guerre qui ne viendra jamais. C'est un peu ce que nous vivons, non ?

— Rien à voir avec nous, dit Belleface. En plus de cela, mon fils, ajouta-t-il, “sois averti que faire des livres est un travail sans fin et que beaucoup d'étude fatigue le corps”.

— Dis-moi, le Vieux, qu'est-ce que tu me racontes ? Je ne comprends rien à ce que tu me dis.

— C'est à la fin de *L'Ecclésiaste*. C'est l'un des derniers versets, dit Belleface.

— Et alors ?

— Et alors, ça dit bien ce que ça veut dire, fit Belleface.

— OK. Si on veut. Si ça se trouve dans ta bible...

— Favrier, reprit Belleface, *L'Ecclésiaste* ne se trompe jamais.

— Ah bon ?

— Oui. Et là, en l'occurrence, c'est toi qui te trompes.

— Pourquoi ?

— Dans la vraie vie, ça ne se passe jamais comme dans ton livre – que je n'ai pas lu, d'ailleurs, et que je ne lirai sans doute jamais. Ici, on est dans la réalité – pas dans un roman ni dans un film. Il va se produire quelque chose, c'est certain.

— Qu'est-ce que tu en sais ?

— Je le sens venir. Je renifle de loin les emmerdements avant qu'ils n'arrivent.

— Tu peux te tromper.

— Non. Je ne me trompe pas. J'ai toujours senti venir les emmerdes. C'est pour ça que je suis encore en vie. »

Il se tut un court instant. Puis il prit son paquet de cigarettes, le tendit pour la forme à Favrier qui refusa. Belleface saisit une cigarette, l'alluma, et le couvercle de son briquet émit un bruit métallique lorsqu'il le referma d'un coup sec.

« C'est comme un gars que j'ai connu en Indochine, reprit Belleface avec un air songeur. Il reniflait la merde à cinquante mètres.

— Qu'est-ce que c'est que cette histoire ?

— Il avait l'odorat d'un chien. Il pouvait suivre les Viêts à la trace, rien qu'en sentant l'odeur de leurs latrines dans la jungle. Il nous a sauvé la vie plusieurs fois en nous évitant de tomber à l'improviste sur un de leurs campements.

— C'est fou, ce que tu me racontes.

— C'est la vérité. Grâce à cette étrange faculté qu'il avait, il pouvait, même sous la pluie en pleine jungle, sentir une présence humaine au loin. Au début, tout le monde se foutait de sa gueule. Au bout de quelques mois, plus personne ne rigolait et on le prenait très au sérieux. Il était tchèque. Je ne savais pas grand-chose d'autre de lui.

— Qu'est-ce qu'il est devenu ?

— On m'a dit qu'il avait été tué à Dien Bien Phu. Il avait sauté parmi les derniers sur la cuvette.

— Belleface, fit Favrier.

— Oui.

— Tu me raconteras l'Indochine ?

— Peut-être que je t'en parlerai un jour. On verra. En attendant, je voudrais bien savoir ce que nous prépare le Hezbollah. »

Belleface reprit son chemin. Favrier le suivit sans dire un mot jusqu'au moment où ils parvinrent au pied du mirador. La sentinelle les avait vus arriver de loin et, les ayant reconnus, n'avait pas pris la peine de leur demander le mot de passe qui changeait chaque jour et ne servait, en réalité, que lors des rondes de nuit.

« C'est bien calme, aujourd'hui », lança Yared depuis l'étage du mirador auquel on accédait par une échelle d'aluminium surmontée d'une trappe en bois. Le maronite était accoudé au garde-corps et il suivait du regard les deux hommes qui vinrent profiter de l'ombre émise par la silhouette du mirador.

« Ouvre l'œil quand même », répondit Belleface en s'asseyant sur un siège sommaire, constitué de blocs de parpaings creux empilés les uns sur les autres. Il posa sa kalachnikov à côté de lui, la crosse à même le sol.

Tandis que Favrier s'adossait contre un poteau, Yared ouvrit la trappe et s'assit sur le plancher du mirador, laissant pendre ses jambes à travers l'ouverture béante.

« Merci pour la visite, dit-il. Je commençais à trouver le temps long.

— Il te reste une heure de garde, fit Belleface. Cela passera vite.

— Vous n'auriez pas une gourde d'eau avec vous ? demanda Yared.

— Favrier, tu as la tienne ? » demanda Belleface sans regarder le Français. Il était en train d'allumer une autre cigarette.

« Non, fit Favrier.

— Désolé, Yared, dit Belleface. Il va falloir que tu attendes encore un peu. » Et, depuis le lieu où ils se trouvaient tous les trois, qui était le point le plus haut de la colline, il regarda l'immense paysage autour de lui, ce paysage d'éternité décrit par tant de versets de la Bible, avec son ciel immobile, ses reliefs immémoriaux et ses couleurs immuables. Les trois hommes se taisaient et, pendant quelques instants au cours desquels il essaya de se concentrer et de faire le vide en lui-même, inspirant l'air tiède à pleins poumons, Belleface se sentit presque heureux. Il se dit qu'il pouvait mourir après avoir vu tant de beauté. Et même si toute cette beauté a été tant abîmée par les hommes, pensa-t-il ensuite, cela valait le coup de la voir malgré tout. Rien que pour cela, songea-t-il, je ne regrette pas d'avoir vécu. Il regardait Favrier, qui se tenait immobile contre le poteau du mirador, comme une grande tige d'herbe folle poussée trop vite, et il se disait maintenant : « En plus, c'est comme si tu avais un fils désormais. Que veux-tu demander d'autre ? »

Au bout d'un moment, le Vieux releva la tête vers Yared, qui était resté silencieux, et demanda : « Qui prend le tour de garde après toi ?

— C'est Nader, fit le Libanais.

— Très bien, dit Belleface. Je lui dirai de t'apporter de l'eau. Nous, on va poursuivre notre ronde.

— Dis-moi, le Vieux, je crois qu'on sera tranquille ce soir », dit le maronite. Il se lissait la moustache avec le pouce et l'index de la main gauche et il regardait les deux hommes en souriant.

« Ça m'a l'air bien parti comme ça », dit le Vieux en se levant. Et il ajouta : « Allez, Favrier, on y va. On continue notre tour. »

Comme à l'accoutumée, les deux hommes repartirent en file indienne, le Vieux ouvrant la marche. Ils avaient à peine fait quelques mètres que Belleface entendit le bruit sourd de la trappe qui se refermait derrière eux, résonnant comme un coup de gong dans le silence. Il eut un mauvais pressentiment.

Ras-el-Bayada, le 7 mai 1985, 23 h 15

Favrier avait plongé son regard dans les yeux bleus du commandant Avner Yarhi. Depuis plus de deux heures, il l'écoutait avec une attention sans relâche. Il en avait presque oublié l'heure et le lieu où ils se trouvaient. Ils étaient assis face à face, chacun sur un banc de bois, de part et d'autre d'une longue et lourde table, dont l'épais plateau était recouvert de formica, et la tranche plaquée de fer-blanc. Entre les deux hommes, une dizaine de cannettes de bière et de soda regroupées sur la surface de la table formaient comme un jeu de quilles attendant d'être renversées. Ils avaient repoussé non loin d'eux, sans prendre la peine de les débarrasser, les écuelles dans lesquelles ils avaient pris leur repas, et des mouches tournaient autour des reliefs de leur dîner. Mais ils avaient gardé devant eux leurs gobelets de plastique, où ils se reversaient régulièrement de larges rasades de bière fraîche ou de vin tiède. Alors que le commandant alternait les cannettes de bière et les bouteilles d'eau pétillante, Favrier était passé au vin rouge, ouvrant, avec l'accord de Belleface, l'une des bouteilles des moines de Kefraya que le Vieux conservait pour les grandes occasions.

La table contre laquelle ils étaient accoudés avait été installée sous une vaste tente, constituée d'une longue et large toile de bâche tendue horizontalement sur des poteaux de bois et d'aluminium, sans parois afin de laisser passer l'air. La bâche était solidement arrimée et, malgré un coup de vent de temps à autre qui la faisait alors trembler ou onduler, elle les protégeait du soleil dans la journée, mais aussi, lorsqu'arrivait la nuit, de la tombée de l'humidité, fréquente en cette période de l'année sur les rivages de la Méditerranée.

L'officier israélien avait tiré son pistolet de son étui de cuir et il l'avait posé sur la table, à portée de sa main droite, en prenant soin de ne pas diriger son arme vers Favrier. Ce dernier, ne sachant trop comment se comporter avec un officier de Tsahal, avait posé son fusil d'assaut à côté de lui, la crosse à même le sol et le canon reposant contre le banc où il s'était assis lorsqu'ils avaient commencé à dîner. C'était Belleface qui avait suggéré à Yarhi de s'asseoir en face de Favrier, sans doute parce qu'il était le seul homme du détachement israélien à parler couramment le français.

Comme Favrier allait l'apprendre au cours de leur conversation, une partie de la famille d'Avner Yarhi avait en effet vécu plusieurs années en France, plus précisément à Paris, dans le XVIIIe arrondissement, du côté de la rue Caulaincourt, raison pour laquelle le français était parlé chez les siens. Ayant échappé par miracle aux persécutions nazies entre 1940 et 1944, et craignant le retour d'un conflit généralisé avec l'installation de la Guerre froide en Europe, les grands-parents du commandant avaient décidé de faire leur alyah et d'émigrer en Israël à la fin de l'année 1948. Ils souhaitaient autant se rapprocher de la terre d'origine de leurs ancêtres que s'éloigner d'un pays qui n'avait pas su les protéger dans les moments difficiles. Leur fille, née entre les deux guerres sur le territoire français, s'était mariée avec Avi Yarhi, juif originaire d'Europe centrale. De leur union étaient nés trois fils, tous entrés dans Tsahal. Avner avait choisi l'arme blindée alors que ses deux frères avaient été recrutés par l'armée de l'air.

Tout en l'écoutant avec attention, Favrier dévisageait son interlocuteur. Le commandant Yarhi était de taille moyenne, avec des cheveux noirs coupés court. Ses yeux étaient si bleus qu'ils semblaient éclairer son visage tanné par la pratique régulière d'exercices en plein air. Le contraste qu'ils formaient avec sa peau brunie par le soleil était saisissant. Yarhi avait retroussé les manches de son treillis et Favrier pouvait entrevoir, là où s'arrêtait l'étoffe de coton sur ses bras, une chair blanche qui devait être rarement découverte. Yarhi paraissait avoir une bonne quarantaine d'années. Sans être un athlète, il émanait de lui une impression de calme et de force tranquille, sans doute parce qu'il était économe de ses gestes et qu'il parlait d'une voix douce, prononçant ses mots avec un débit régulier. Favrier s'était dit en l'observant qu'il avait en face de lui un officier typique de cette armée israélienne considérée comme l'une des meilleures au monde.

Le commandant Yarhi était arrivé trois heures plus tôt, avant la tombée de la nuit. Il était un peu plus de huit heures du soir lorsque, précédés par le vacarme effrayant des chenilles et des moteurs, un char Merkava et deux M 113 – des véhicules de transport de troupes de fabrication américaine – avaient fait leur apparition à Ras-el-Bayada. Belleface avait accueilli chaleureusement le commandant après que celui-ci se fut extrait avec agilité de son engin blindé. Les deux officiers s'étaient ensuite enfermés quelques instants dans la chambre du Vieux tandis que les hommes descendus des M113 se dispersaient dans le camp. Puis le tank et les deux autres véhicules blindés avaient été déplacés et postés de chaque côté de la barrière, bien en évidence, pour que la démonstration de force de Tsahal fût constatée et connue de tous les Libanais qui passaient par là.

Favrier jeta un coup d'œil autour de lui. Quelques hommes étaient en train de boire et de discuter, d'autres jouaient aux cartes, d'autres encore avaient fermé les yeux et écoutaient de la musique à travers les oreillettes de leur walkman. De temps à autre, un éclat de voix ou de rire fusait sous la tente, dominant le brouhaha. Il y avait là plus d'une vingtaine de soldats, presque tous aussi jeunes que Favrier, représentant les équipages israéliens. Leurs homologues chrétiens étaient plus âgés et, à l'exception des sentinelles, toutes les recrues de l'ALS étaient présentes. Il n'était pas si fréquent d'avoir de la visite à Ras-el-Bayada.

Pendant quelques instants, Favrier ressentit une impression de puissance. Belleface avait tendance à exagérer le danger, songeait le Français. Que pouvait-il leur arriver ? Le Hezbollah n'était pas en mesure d'aligner un seul char aussi puissant que les Merkava israéliens et pas un de ses fous de Dieu n'était un combattant aussi aguerri que le dernier soldat d'une troupe d'élite de Tsahal. La frontière était tenue. On ne passerait pas cette nuit en Israël – ni la prochaine ni les suivantes.

Favrier écoutait l'officier israélien lui expliquer comment il avait fait la connaissance de Belleface. Leur rencontre s'était produite de façon inopinée lors de la guerre des Six Jours, pendant l'offensive menée sur le plateau du Golan par les forces israéliennes au début du mois de juin 1967. À l'époque, Belleface servait dans les forces spéciales et l'unité à laquelle il appartenait, le Sayeret Matkal, avait été chargée de préparer l'attaque éclair de Tsahal contre la Syrie. Toute la stratégie de l'état-major israélien reposait sur l'effet de surprise et, pendant plusieurs jours, les membres du commando de Belleface s'étaient enterrés dans le désert syrien, devenant pierres parmi les pierres, grains de sable disséminés dans le sable, courants d'air en plein vent.

Yarhi était alors un jeune officier, frais émoulu de son école. À l'issue de ses études, il avait demandé à être affecté dans une unité de blindés. À l'époque, il croyait que les combats et les chevauchées de chars dans le désert pouvaient être conduits comme une charge de cavalerie sabre au clair, à la manière des raids victorieux menés à dos de chameaux par Lawrence d'Arabie contre les Turcs lors du premier conflit mondial. Il avait éprouvé, lors de la guerre des Six Jours, cette ivresse de conquérir de vastes territoires sans rencontrer de résistance, chargeant contre l'ennemi dans des monstres d'acier, au milieu des vapeurs de fuel, des fumées de moteur, des odeurs brûlantes d'huile et de graisse, de cuir des combinaisons, et de fer chauffé à blanc. Le commandant Yahri avait retrouvé cette volupté quelques années plus tard, pendant les offensives menées au Liban, dans le cadre des opérations Litani, en 1978, et Paix en Galilée, en 1982, dont les objectifs étaient multiples : éliminer la résistance de l'OLP retranchée dans Beyrouth, forcer l'envahisseur syrien à quitter le pays du Cèdre, et asseoir la victoire des Forces libanaises de Béchir Gemayel sur les autres factions armées.

Mais, depuis quelques années, le commandant avait le sentiment d'un enlisement. La guerre avait muté. Il ne s'agissait plus de conquérir de nouveaux territoires, mais de maintenir en l'état les frontières d'Israël. Aux cavalcades de chars et aux pilonnages d'artillerie avaient succédé la guérilla à hauteur d'homme, la pacification de zones par des unités à pied, la tenue de check-points par des fantassins ou des parachutistes cloués au sol. Les tanks et autres véhicules blindés restaient désormais stationnés dans des hangars dont ils ne sortaient plus que pour les exercices d'entraînement et les grandes manœuvres annuelles interarmes. Ce n'était plus de son goût. Mais, ajoutait-il aussitôt, pour rien au monde il n'aurait quitté l'arme blindée. Le commandant Yarhi aimait plus que tout ce sentiment qu'il éprouvait lorsque, une fois la trappe d'acier refermée sur lui, il établissait le contact radio avec les autres équipages de son unité. C'était, à chaque fois, la promesse d'une aventure. Comme Belleface, il vivait seul, ayant choisi lui aussi le célibat.

« Quand j'ai connu Belleface, il était déjà une sorte de légende chez nous », dit Avner Yarhi.

Favrier écoutait sans rien dire. Concentré sur le discours de l'officier israélien, il enregistrait chaque phrase. Il était très heureux de cette rencontre. Enfin, il allait découvrir quelques éléments de la vie du Vieux, et comprendre peut-être pourquoi cet homme l'intriguait tant.

« Belleface s'était fait une réputation singulière, poursuivit le commandant. À l'époque, il était considéré comme un jeune officier plein d'avenir, l'un de ceux sur lesquels Tsahal avait décidé d'investir. Tout lui réussissait. Il avait du tempérament, de l'audace, et il se donnait sans retenue à son métier. Il était toujours volontaire, répondait présent chaque fois qu'on avait besoin de lui, se levait le premier et se couchait le dernier. À l'entraînement comme au combat, il était le meilleur. C'était un soldat que nous admirions tous. »

Yarhi se tut pendant quelques instants, l'air songeur. Favrier sentit qu'il fallait le laisser reprendre le fil de ses souvenirs sans le rompre.

« Nous l'admirions, reprit le commandant, non seulement parce qu'il était jeune, mais aussi parce qu'il possédait le métier d'un vétéran ayant déjà combattu sur plusieurs fronts. Il est rare qu'un officier cumule ces deux atouts : la jeunesse et l'expérience. C'était le cas de Belleface. Je n'ai jamais connu dans l'armée d'Israël quelqu'un qui réunisse aussi bien que lui ces deux qualités qui font les meilleurs soldats. »

L'officier israélien s'arrêta pour boire une longue gorgée de bière. Sous la tente, l'air paraissait immobile. De temps à autre, un éclat de voix parvenait jusqu'à eux. Quelques soldats de Tsahal continuaient de jouer aux cartes sans rien dire sur un coin de table. Un peu à l'écart, deux hommes de l'ALS fumaient en silence, les yeux dans le vague, allongés sur un tapis déployé à même le sol. Ils tiraient alternativement de longues bouffées de tabac sur le tuyau d'un narguilé. Yarhi reposa sa cannette de bière sur la table.

« C'était une belle époque, dit-il. Malgré les dangers incessants, et en dépit de la pression exercée sur nos frontières, comme de la fréquence des guerres contre le monde arabe, on ressentait de la joie dans le pays. Comment le dire ? Il y avait alors un bon état d'esprit en Israël, la conviction que rien ne nous résisterait. Les jeunes faisaient leur métier de jeunes, et ils le faisaient avec une sorte de ferveur ou d'exaltation ; les moins jeunes corrigeaient le tir quand c'était nécessaire, et les vieux donnaient à chacun des conseils avisés, et tout cela dans la bonne entente et l'harmonie. C'était l'esprit des pionniers, l'esprit des kibboutz. Nous avions alors de grands hommes d'État, à l'image de ce qu'était notre peuple. Je ne retrouve rien de tout cela aujourd'hui. C'est triste.

— Que pouvez-vous me dire de plus sur Belleface à cette époque ? demanda Favrier.

— Il imposait le respect à tous. Tout le monde savait qu'il avait eu une vie qui sortait des cadres habituels, et même si vous ne le saviez pas, cela se devinait en le voyant.

— C'est encore le cas aujourd'hui.

— Ce l'était encore plus autrefois, répondit Yarhi. Il était entouré d'une sorte d'aura. Il était adulé par ses hommes, qui se seraient fait tuer pour lui sans hésiter, et il était respecté par les autres. Je veux dire par ceux qui ne servaient pas sous ses ordres.

— Comment se comportait-il avec ses hommes ?

— C'était un vrai chef de bande. Dans une meute de loups, il aurait été le mâle dominant, et sa place n'aurait pas été contestée – ni contestable d'ailleurs. Il était dur, mais toujours juste, avec ses hommes. Et surtout, il vivait comme eux, à côté d'eux. Il partageait leurs rations de combat, dormait comme les autres à même le sol en opération, et les menait, ou plutôt les emmenait au combat car il se trouvait toujours en première ligne.

— Un peu casse-cou, donc.

— Oui. On m'a dit qu'il avait acquis ce goût du risque en Indochine. Mais je n'en suis pas certain. En vérité, je crois qu'il n'a jamais vraiment tenu à la vie. Cela lui donne une grande capacité de détachement. Certains disent de Belleface qu'il est fataliste, moi je pense qu'il est détaché des choses – et c'est ce qui fait sa force.

— Comment était-il perçu par ses supérieurs ?

— Je vous l'ai dit : il imposait le respect à tous par son charisme, dit Yarhi.

— Que voulez-vous dire ?

— Je veux parler de cette espèce de manière qu'il avait de paraître tout savoir de la guerre, et en même temps d'y croire encore et malgré tout, alors que la plupart des autres hommes dans son genre auraient affecté de ne plus croire en rien. En réfléchissant avec vous, ce soir, je me dis que sa force provient de son absence de cynisme. Belleface est un homme qui ne calcule pas lorsqu'il se trouve face à quelqu'un. Il fait ce qu'il estime avoir à faire. C'est tout. »

Favrier ne répondit pas. Il se taisait. Il regardait en direction du bungalow, et il pouvait voir la lumière allumée par la fenêtre de la chambre qu'occupait Belleface. Il s'interrogea. Que pouvait-il bien faire à cette heure-ci ? S'était-il endormi en laissant la lumière allumée ? Était-il en train de lire sa bible ? Pourquoi n'avait-il pas souhaité dîner avec eux ? D'où venait son goût si marqué pour la solitude ? Il pensa que cet homme était un mystère.

« En revanche, reprit le commandant d'une voix rêveuse, il y a toujours eu en lui une tristesse insondable.

— Une tristesse ? Je n'ai pas remarqué cela.

— Oui, une tristesse profonde. Aujourd'hui, il vous apparaît comme un vieux sage, revenu d'à peu près tout. Mais à l'époque, il était foncièrement triste. Il s'efforçait de ne pas le montrer, mais cela se voyait quand même.

— Il vivait seul ? demanda Favrier.

— Oui et non. Il y avait eu une jeune femme dans sa vie. Une jeune femme très belle, paraît-il. Je me souviens qu'il était très épris d'elle. J'ai oublié son prénom. Je ne l'ai pas connue mais je crois savoir qu'elle est morte dans des circonstances tragiques. On disait à l'époque qu'elle avait été assassinée par un Palestinien. Mais je n'en suis pas certain. Je sais juste qu'il n'a plus jamais été le même par la suite.

— C'est-à-dire ?

— C'est comme si quelque chose s'était brisé. Comme si la fêlure que l'on pouvait percevoir en lui à certains moments, je veux dire pendant les rares moments de repos, d'amitié ou de rigolade, avait soudain provoqué une fracture, avec deux parties de lui-même qui se décollaient, se séparaient. On ne sentait plus en lui le désir de combattre comme avant. Il n'affichait plus cette incroyable et insolente certitude de toujours finir vainqueur. Il avait changé, en somme.

— Le Vieux amoureux ? J'ai du mal à me représenter l'idée, dit Favrier en souriant.

— Pourtant, c'était le cas, fit Yarhi. Après la mort de Ruth – ça y est, son prénom me revient –, Belleface a cessé d'en vouloir. Il faisait son métier de façon mécanique, un peu comme s'il était devenu une machine, sans y mettre ce qui le différenciait jusque-là des autres, ce mélange d'enthousiasme et d'expérience. »

L'officier israélien se tut et but de longues gorgées de bière.

« Je vous ressers un peu de vin ? demanda-t-il.

— Avec plaisir, dit Favrier.

— Je crois bien que c'est à ce moment-là qu'il a cessé de progresser dans la hiérarchie, reprit le commandant en reposant la bouteille de Kefraya sur la table. Il ne le souhaitait plus. C'est pour cela qu'il a fini colonel. Alors qu'un homme comme lui aurait dû finir général, ça c'est sûr. Je n'ai pas été étonné quand j'ai appris qu'il avait demandé à servir dans l'ALS. Pour un officier israélien, c'est un peu une voie de garage.

— Pourquoi n'avez-vous pas été surpris ?

— En fait, je crois que Belleface veut qu'on l'oublie. Je crois aussi qu'il veut oublier, oublier son passé, oublier les autres, oublier ce que devient le monde. »

Favrier ne répondit pas. Il était songeur. À écouter son interlocuteur, la personne de Belleface lui apparaissait encore plus estimable – et donc attachante. Et, surtout, la légende s'humanisait, devenait réelle, avec des aspects émouvants, parfois même bouleversants. Et tout cela alors que le Vieux détestait plus que tout dévoiler ses sentiments. En même temps, au fur et à mesure qu'il découvrait ce qu'avait pu être l'existence de Belleface, le mystère autour de lui s'épaississait.

« Il vous a parlé de ce qu'il a fait en Indochine ? demanda Favrier.

— Bien sûr. C'est une période de sa vie qui l'a marqué en profondeur.

— Pourquoi donc ?

— C'est là qu'il a appris son métier. Après la Seconde Guerre mondiale, il s'est engagé dans la Légion étrangère. Il y est resté cinq ans. Il n'était pas gradé : il servait comme simple soldat. Il a côtoyé là-bas les hommes les plus divers, de toutes les nationalités – et même d'anciens SS qui avaient réussi à fuir l'Allemagne et à s'enrôler dans l'armée française pour servir leur ancien ennemi ! Admettez que la situation était pour le moins étrange…

— Oui. Je dirais même inconcevable.

— C'était le cas, pourtant. Demandez-lui de vous raconter toute cette époque. C'est l'un des rares épisodes de sa vie dont il accepte de parler.

— C'est là qu'il a appris le français ? J'ai noté un léger accent lorsqu'il s'exprime. Mais je serais incapable de dire d'où il vient.

— Belleface est d'origine polonaise », répondit Yahri.

Puis il se leva et fit quelques pas jusqu'à la glacière qui avait été rangée, quelques heures plus tôt, contre un gros bloc de roche afin de la protéger des rayons du soleil couchant. Le commandant l'ouvrit, en retira une cannette de bière, puis il revint jusqu'à sa place et se rassit. Au bout de quelques instants, Favrier reprit :

« Vous disiez tout à l'heure que Belleface voulait se faire oublier. En général, quand on veut se faire oublier, c'est qu'on a quelque chose à se reprocher. Ou à se faire pardonner. Il a fait des bêtises dans sa vie ?

— Pas à ma connaissance. Mais je crois quand même qu'il cherche à oublier son passé.

— Et pourquoi donc ?

— Parce qu'il est douloureux.

— Dites-moi ce qui a bien pu lui arriver.

— Je ne sais pas si j'ai le droit de vous le raconter.

— Pourquoi n'auriez-vous pas le droit ?

— Je ne sais pas, répondit l'officier israélien. C'est l'histoire de sa vie, et elle lui appartient. Je ne suis pas sûr qu'il aimerait qu'on en parle. Il faut que je lui demande s'il est d'accord pour que je vous raconte d'autres moments de son existence.

— Je comprends, dit Favrier.

— Je vous en ai déjà beaucoup dit.

— Oui, c'est vrai. Vous m'avez appris beaucoup de choses sur lui. »

Après un moment de silence, Favrier dit : « Vous allez lui demander ?

— Oui », fit Yahri.

Ils se turent. Favrier but une gorgée de vin de Kefraya. Le liquide était tiède, et chargé de soleil et d'alcool. Ce n'était pas désagréable à boire, en dépit de la chaleur, pensa-t-il. Favrier vit l'officier israélien réprimer un bâillement.

« J'ai encore une question, reprit le Français. Dites-moi si vous pouvez y répondre ou non.

— Allez-y. Je vous écoute.

— Belleface, demanda Favrier, c'est vraiment son nom ?

— Sur ce point, je peux vous répondre. Oui, c'est son nom. Et non, ce n'est pas son vrai nom.

— Que voulez-vous dire ?

— C'est le nom d'emprunt qu'il a choisi quand il est entré dans la Légion. Comme vous le savez sans doute, la Légion étrangère est une troupe très particulière, qui autorise les hommes à s'engager sous un pseudonyme. C'est ce qu'a fait Belleface. Et il a toujours souhaité conserver son pseudonyme par la suite. C'est comme s'il avait voulu changer de vie. Je veux dire : comme s'il avait eu une vie avant – et une autre vie après la Légion.

— Quel était son vrai nom ?

— Alors ça, je ne sais pas si j'ai le droit de vous le dire. Je ne suis pas certain qu'il souhaite être connu sous son vrai nom. C'est à lui de juger.

— Vous connaissez son vrai nom ?

— Oui, mais je ne vous le dirai pas. Cela touche à sa vie privée.

— J'ai compris, dit Favrier.

— Et vous, demanda Avner Yarhi, pourquoi êtes-vous ici ?

— C'est drôle que vous me demandiez cela. Le Vieux m'a posé la même question hier.

— Que lui avez-vous répondu ?

— Je lui ai dit que je voulais comprendre pourquoi les hommes s'entre-tuaient pour cette terre.

— Et vous avez compris ?

— Disons que je suis en train de comprendre.

— À mon tour de vous poser quelques questions. Que comprenez-vous depuis que vous êtes ici ?

— J'ai compris que cette terre est si belle qu'il paraît tout naturel de vouloir se l'approprier. Et c'est peut-être parce qu'elle est si chargée de la présence de Dieu, que celle-ci soit réelle ou inventée par les hommes, que cette terre est si belle.

— Je crois que vous avez compris beaucoup de choses », dit Yahri.

Favrier fixait des yeux l'insigne régimentaire en bronze que portait le commandant sur sa poche de poitrine. Encadré par deux feuilles de laurier symbolisant une couronne, on y voyait représenté le profil stylisé d'un char, avec sa tourelle, son canon, et ses chenilles actionnées par sept roues. Sept roues comme les sept branches d'une menorah, songea-t-il. Sept roues comme les *Sept Piliers de la sagesse,* ce livre qu'il avait lu avant de se décider à partir pour le Liban. Sept roues comme dans ce passage, au début de *L'Apocalypse,* où saint Jean évoque sept étoiles et sept chandeliers d'or. Oui, se dit-il, il était bien sur une terre où souffle l'esprit – l'esprit de Dieu, mais aussi l'esprit du mal. Il pensa qu'il ferait bien de relire la Bible, comme le faisait Belleface chaque jour. Il regretta de ne pas avoir emporté avec lui l'exemplaire que lui avait offert sa mère le jour de sa première communion. Peut-être que Nader ou Yared pourrait lui en procurer une ? Il se promit de le leur demander dès le lendemain.

« Mon commandant, j'ai encore une question à vous poser.

— Allez-y.

— Pourquoi Belleface cite-t-il toujours *L'Ecclésiaste* ?

— C'est une habitude qu'il a depuis longtemps. Je l'ai toujours connu ainsi. À ses yeux, *L'Ecclésiaste* a réponse à tout. Il me l'a souvent dit.

— Il me l'a dit aussi.

— Je crois qu'il tient beaucoup à la bible qu'il conserve toujours avec lui. C'est peut-être le seul objet auquel il attache de l'importance.

— C'est curieux. Un exemplaire de la Bible en vaut un autre. Pourquoi est-il si attaché à cet exemplaire ?

— J'ai cru comprendre qu'il lui avait été offert par un prêtre, dit le commandant, avant d'ajouter : un prêtre catholique. Je ne sais ni quand ni comment. Mais j'ai compris que ce prêtre avait été comme un père pour lui. Belleface a toujours vénéré cet homme. Il m'a dit un soir qu'il lui avait sauvé la vie.

— Qui avait sauvé la vie à l'autre ? Belleface ou le prêtre ?

— C'est le prêtre qui a sauvé la vie de Belleface. Je n'en sais pas plus.

— Ce devait être dans une de ses autres vies », dit Favrier en rêvant sur le mystère qui entourait le Vieux. Et il vida dans son gobelet le reste de la bouteille de vin de Kefraya.

« Peut-être, fit Yarhi. Je me suis souvent demandé si ce prêtre n'avait pas été l'aumônier de la Légion du temps où Belleface y était. Ou alors c'était peut-être un curé qu'il aurait connu au cours d'une permission en Indochine. Mais ce ne sont que des suppositions.

— C'est possible. Les pères missionnaires étaient très nombreux en Indochine. Ils ont évangélisé presque tout le pays.

— Vous êtes déjà allé au Vietnam ? demanda Avner Yarhi.

— Non, hélas. Et vous ?

— Non. Mais je me suis promis de le faire lorsque j'aurai pris ma retraite. Je veux aller là-bas pour voir et essayer de comprendre ce qui a tant marqué Belleface. »

L'officier israélien se tut quelques instants, les yeux perdus dans le vague. Puis il reprit :

« Comme vous pouvez le constater, je suis intrigué moi aussi par cet homme que vous appelez le Vieux…

— Je vois, dit Favrier, qui ajouta : Mon commandant, j'ai une dernière question à vous poser et je vous promets que je vous laisse ensuite aller vous reposer.

— Allez-y, dit l'officier en se saisissant de son pistolet qu'il replaça dans l'étui accroché à son ceinturon.

— Quel est le prénom de Belleface ?

— Il n'en a pas. Vous imaginez appeler un homme comme lui par son prénom ? Impossible. On l'appelle Belleface. Tout simplement. »

Ils se levèrent et se serrèrent la main. Favrier regarda le commandant Yarhi s'éloigner. Il le suivit des yeux jusqu'à ce qu'il disparaisse sous la petite tente d'officier qui avait été dressée pour lui à côté du bungalow. Favrier remarqua que la lumière était toujours allumée dans la chambre de Belleface. Il était plus de minuit et demi.

Troisième jour

« Je ne crains aucun mal car Dieu est avec moi. »

Psaume XXIII (*Ancien Testament*)

Ras-el-Bayada, le 8 mai 1985, 1 h 30

Belleface n'était pas encore parvenu à trouver le sommeil. Trop de pensées agitaient son esprit. Il était allongé sur sa paillasse, les bras repliés sous sa nuque. Il avait dégrafé son ceinturon qui gisait à côté de lui, avec son pistolet dans son étui ouvert, mais il n'avait pas pris la peine d'ôter ses rangers. Le drap sur lequel il reposait était sale, couvert de taches d'huile pour armes. Le ventilateur posé sur une caisse de munitions apportait une illusion de fraîcheur et le ronronnement du mécanisme, qui produisait d'habitude sur lui un effet soporifique, l'agaçait ce soir-là. Pas moyen de s'endormir.

Il observait le plafond du bungalow à travers les mailles de la moustiquaire qu'il avait rabattue au-dessus de son lit. Quelle idée lui avait pris de présenter Yarhi à Favrier et d'insister pour qu'ils dînent ensemble sans lui ? Certes, il n'y avait guère de distraction à Ras-el-Bayada pour le jeune Français, mais fallait-il pour autant favoriser la discussion avec un homme qui savait tant de choses sur lui ? Belleface n'avait pas eu envie de participer à leur conversation. Qu'auraient-ils eu à se dire tous les trois ? Yarhi et lui se seraient remémoré les faits les plus saillants de leurs campagnes, respectives ou communes, devant Favrier, qui aurait écouté sans rien dire.

Or il y avait, dans l'esprit de Belleface, quelque chose d'indécent à confier des souvenirs d'opérations de guerre à un tiers qui ne pouvait en comprendre ni le sens, ni la portée, ni les subtilités. Passe encore que des vétérans se congratulent entre eux : ils goûtent la joie de se retrouver entre vieux camarades de combat et éprouvent alors l'étrange délectation de partager sans rien dire l'innommable comme l'indicible. Raconter à un étranger ce qu'un homme est capable de faire en temps de guerre, le pire comme le meilleur, est une autre histoire – les protagonistes des conflits armés le savent bien, et c'est sans doute la raison pour laquelle ils gardent le silence sur leurs agissements passés. Belleface n'avait pas envie de se lancer dans cette histoire devant Favrier.

Il écarta d'un geste de la main un moustique qui bourdonnait à côté de ses tempes. Il se dit qu'il lui faudrait redonner des rations de quinine à ses hommes le lendemain. Cela faisait plusieurs jours qu'il ne l'avait pas fait. Il n'avait pas souhaité discuter avec Yarhi et Favrier, songeait-il, et, maintenant, il le regrettait. Peut-être avaient-ils évoqué leurs expériences à tous les deux, et les raisons pour lesquelles ils se retrouvaient l'un et l'autre dans le sud du Liban. Peut-être Yarhi, qui était un bon soldat, avait-il donné quelques conseils à Favrier. Sans doute avaient-ils aussi évoqué la situation qui se tendait avec la recrudescence d'attentats commandités par le Hezbollah. C'était possible. Il était certain, en revanche, d'avoir été l'objet principal de leurs discussions. Il pouvait presque les entendre, l'un et l'autre, parler de lui, et il devinait très bien ce qu'ils avaient pu se dire.

J'espère qu'il n'en a pas trop fait, se dit-il en pensant aux probables réflexions, descriptions ou commentaires de l'officier de blindés. Le Vieux était l'aîné d'Avner Yarhi et il savait très bien combien celui-ci était impressionné par l'expérience qu'il avait pu accumuler depuis l'Indochine – une expérience rare dans l'armée d'Israël, on le lui avait si souvent dit et répété.

Cela se passe toujours ainsi, songeait-il, et c'est sans doute ainsi dans toutes les armées du monde : les jeunes éprouvent le besoin d'admirer leurs aînés et de s'identifier à eux lorsque ces derniers le méritent. Mon père nous disait : « C'est l'éducation par l'exemple », et il avait raison. C'est ainsi que sont les choses et c'est ainsi qu'elles se font. Et c'est pourquoi les jeunes font aussi bien que leurs prédécesseurs lorsque leur tour vient de se montrer courageux. Il y a cela en Favrier, pensait-il, cette volonté de devenir un vrai soldat, et d'aller jusqu'au bout de ce qu'implique ce désir, quoi qu'il puisse lui en coûter. J'en suis sûr. Je le sens. Oui, je sens tout cela en lui, avec d'autres choses encore. Je le reconnais : il est comme moi, comme je l'étais à son âge. Et c'est pour ça qu'il me regarde comme si j'étais son père.

Yarhi a dû raconter à Favrier comment nous nous sommes connus, pensa-t-il. Je suis sûr qu'il lui a également parlé de Ruth et de mon passé dans la Légion. Cela l'a toujours beaucoup impressionné, que je sois légionnaire, lui qui n'a jamais vu la guerre que depuis l'habitacle de son char. Peut-être même qu'il lui a dit comment je m'appelais réellement ? Il s'interrogea pendant quelques instants. Après tout, qu'est-ce que cela peut bien faire si Favrier connaît mon véritable nom ? Oui, au fond, qu'est-ce que cela change ? Belleface conclut que cela n'avait aucune importance. Favrier continuera à m'appeler le Vieux comme il le fait depuis quatre mois, c'est tout.

Il est probable que Yarhi lui a rapporté ce que j'ai fait en Indochine, pensait-il encore. Quoique… Ce n'est pas certain. Avner ne sait pas que j'ai tué Karl Schiffner. Personne ne sait que j'ai tué Karl Schiffner – et personne ne le saura jamais. Ce qui s'est passé ce jour-là en Indochine ne regarde que moi. Je devais le faire, et je l'ai fait. C'est tout. Je ne regrette rien. S'il fallait recommencer, je le ferais sans hésiter une seconde. Et même plutôt deux fois qu'une. C'est ainsi. Karl Schiffner est mort, songeait-il encore, parce que tu l'as tué de tes mains. Tu l'as tué à la loyale, dans un combat régulier, un combat d'homme à homme. Tu n'as rien à te reprocher. S'il avait été plus fort que toi, c'est lui qui aurait gagné, et il t'aurait écrasé les mains et le visage avec ses rangers. Mais tu étais le plus fort, tu as gagné, et tu l'as tué sans une hésitation. Il se saisit de son paquet de cigarettes dans une poche et en alluma une. Il rejeta en soufflant la fumée qu'il venait d'inhaler et il la regarda s'élever lentement vers le plafond. Parfois, pensait-il maintenant, je me demande si Schiffner n'a pas été soulagé que je le tue. J'avais cru voir ça dans ses yeux, juste avant de l'achever, au moment où je me suis approché de lui pour lui révéler qui j'étais.

Le Vieux se remémorait une fois de plus cet épisode de sa vie. Il y repensait de temps à autre, toujours à la nuit tombée, lorsque les souvenirs de son passé revenaient lui rendre visite. Ce n'était pas le plus régulier de ses souvenirs, mais il était toujours présent, bien tapi dans les ombres de sa mémoire, prêt à ressurgir à l'improviste.

Car on n'oublie pas l'homme que l'on a tué en le regardant dans les yeux. Et même si ce geste était juste et fondé, il tourmentera à jamais votre conscience. C'était ainsi, et Belleface le savait. Il murmura ce verset de *L'Ecclésiaste* : « J'ai tout vu en ma vie de vanité : le juste périr dans sa justice et l'impie survivre dans son impiété. »

Et, quelques chapitres plus loin, il était écrit : « Il y a une vanité qui se fait sur la terre : il y a des justes qui sont traités selon la conduite des méchants et des méchants qui sont traités selon la conduite des justes.

Je dis que cela aussi est vanité. » Pourquoi fallait-il que la vie soit si douce et clémente envers les voyous, les hors-la-loi et les tueurs alors qu'elle se révélait si dure pour les hommes bons, loyaux et généreux ? Le Vieux n'avait jamais trouvé la réponse à cette question qui le tourmentait depuis son adolescence.

La mort de Schiffner était advenue au début du mois de septembre 1950, peu avant la bataille de Dong Khê, au cours de laquelle les forces du Viêtminh, bénéficiant de l'avantage du surnombre, avaient étrillé les légionnaires du 3e Étranger. Belleface se trouvait alors dans la même unité que Schiffner, qui servait au deuxième bataillon, cinquième compagnie, deuxième section. Tous les deux s'étaient engagés sous un nom d'emprunt. Celui qu'avait choisi Schiffner était Strauss. Carl Strauss. Un nom de musicien. Il prétendait être suisse. Tout comme Belleface lorsqu'il avait signé son contrat d'engagement, au début de l'année 1946, dans le bureau de recrutement de Marseille, sous les yeux d'un colosse aux épais sourcils et à la longue barbe grise taillée au carré. Quelques jours plus tard, il embarquait à bord d'un paquebot de ligne, le *Pasteur,* à destination de Saïgon, dans un uniforme trop grand pour lui, et un képi blanc sous lequel un légionnaire était mort quelques semaines plus tôt, selon l'adjudant-chef chargé de la surveillance et du convoiement de leur contingent. Belleface n'avait jamais su si cette histoire était vraie ou si l'adjudant-chef l'avait inventée et la resservait à chaque voyage.

À la Légion, tout le monde fermait les yeux sur le passé des légionnaires, mais l'on savait très bien que la plupart des hommes s'enrôlaient dans cette troupe pour se faire oublier – ou parce qu'eux-mêmes voulaient oublier leur passé. Certains espéraient ainsi se refaire une réputation, d'autres y voyaient juste un moyen de s'éloigner d'une vieille Europe meurtrie par cinq années d'un terrible conflit. Mais pour atteindre cet objectif, il fallait d'abord survivre aux combats dans la jungle, les montagnes et les rizières d'Indochine. Tous n'étaient pas des saints, et Belleface en avait très vite dressé le constat, surtout en cette époque où la Légion recyclait tant de soldats et d'officiers du IIIe Reich.

Schiffner s'était engagé dans la Légion à la fin de l'année 1945 et il y avait atteint très vite le grade de caporal-chef en reconnaissance de ses excellents états de service. Car cet homme de taille moyenne, sec et musculeux, au regard sans expression, était un très bon soldat, silencieux, calme et aguerri, tireur d'élite et courageux sous le feu. À la même époque, Belleface était légionnaire de seconde classe, et il commençait à apprendre son métier. Il lui avait fallu intriguer pendant plus de deux ans, soudoyer des sous-fifres au service des effectifs, se faire bien voir et bien noter par ses supérieurs, se porter volontaire pour aller se battre au Tonkin, là où les combats étaient les plus durs, avant de parvenir à être affecté dans la même unité que Schiffner, ayant d'abord été versé, à son arrivée à Saïgon, dans le 2e REI (Régiment Étranger d'infanterie), dont la zone d'opérations était alors limitée au Sud-Annam.

C'était au cours d'une opération de reconnaissance au Tonkin, dans le secteur de Dong Khê, que Belleface s'était enfin retrouvé seul avec Schiffner. La section à laquelle ils appartenaient avait été dépêchée dans la jungle pour étudier, baliser et préparer un itinéraire de sortie au cas où les Viêts tenteraient une opération d'envergure pour s'emparer de la citadelle. L'offensive s'était effectivement produite deux semaines plus tard, à la mi-septembre de l'année 1950, et le 3e REI avait été contraint d'abandonner la place forte que les parachutistes de la Coloniale avaient reprise au Viêt-minh quatre mois plus tôt, après avoir été largués directement sur la ville.

Ce jour-là, ils étaient donc partis en reconnaissance, se frayant un passage dans la jungle à l'aide de scies, de machettes et de coupe-coupe. Leur progression, censée s'effectuer dans le silence, était lente et malaisée du fait des obstacles innombrables, de l'enchevêtrement de la végétation et de l'humidité ambiante. Belleface se souvenait qu'il leur fallait s'arrêter tous les dix mètres pour boire à la gourde et essorer leurs chemises trempées par la sueur et la moiteur de l'air. Les sangsues fondaient sur eux depuis les frondaisons, les branches moussues des arbres et les feuilles de plantes géantes qui formaient comme la voûte d'un édifice immémorial de verdure. À chaque arrêt, ils devaient les uns les autres s'inspecter toutes les parties du corps pour s'épouiller le cuir des sangsues qu'ils détachaient à l'aide d'une cigarette allumée ou de la pointe d'une baïonnette.

Le lieutenant avait reçu quelques jours plus tôt une balle dans le ventre. C'était une sale blessure et chacun des hommes savait très bien qu'ils ne reverraient pas leur chef de section, qui avait été évacué par avion à l'hôpital d'Hanoï. En l'absence du lieutenant, la colonne était passée sous le commandement du sous-officier-adjoint, le sergent-chef Tadeusz Nowak, un grand Polonais impassible, colosse mesurant près de deux mètres, aux yeux bruns et aux cheveux blonds, le visage couturé de cicatrices, qui donnait ses ordres avec un terrible accent et ne souriait jamais. Belleface l'appréciait, pourtant – sans doute parce que Nowak était son compatriote, et qu'il aimait, après de longues soirées passées à boire des litres de Pernod et d'alcool de riz, qui le rendaient mélancolique et le plongeaient dans un sentimentalisme de demoiselle, finir lui aussi les nuits de ses permissions dans les fumeries d'opium de Dong Khê. Le sergent-chef Nowak avait été tué un peu plus tard, lors de la retraite de Cao Bang, après avoir reçu un éclat d'obus de mortier qui lui avait ouvert le ventre et broyé les viscères. Son agonie avait duré près de deux heures et il était mort dans de terribles souffrances.

Ce jour-là, alors que le chef Nowak se trouvait en tête, ouvrant le chemin avec quatre légionnaires qui se relayaient auprès de lui, suivis par le reste de la colonne qui avançait en file indienne et protégeait leur progression, quelques hommes étaient restés en arrière, s'asseyant sur leurs talons ou sur leur sac à dos pour se restaurer et fumer une cigarette. Parmi eux, le caporal-chef Carl Strauss, qui faisait office de serre-file, ayant été désigné par le chef Nowak pour fermer la marche. Alors que trois légionnaires s'étaient déjà remis en route après avoir bouclé leur sac à dos, disparaissant en quelques secondes sous les frondaisons du sentier ouvert à travers la forêt sombre et épaisse, Belleface était resté assis, et il avait refusé de les suivre au prétexte d'une entorse au genou.

« Je ne peux pas reprendre la piste. Je ne peux plus marcher », avait-il dit au caporal-chef en gémissant. Et il s'était roulé sur le sol en simulant une grande douleur.

« Tu vas avancer ou je défonce ta putain de gueule, avait répondu celui-ci d'une voix lourde de menaces, avec un accent aux sonorités métalliques, en faisant mine de lui donner un coup dans le menton avec la crosse de son arme.

— Il faut me laisser là, caporal-chef. Vous me prendrez au retour », avait dit Belleface en se tenant le genou et en geignant comme l'aurait fait un enfant.

L'autre paraissait désemparé et il semblait réfléchir, en quête d'une solution.

« Trop dangereux. Tu viens avec moi, avait-il répondu quelques instants plus tard.

— Je ne peux pas. Je préfère crever ici, avait dit Belleface qui s'efforçait de faire durer le plus longtemps possible leur échange.

— Je vais te porter », avait fait le caporal-chef. Et, après avoir passé les bras dans les sangles de son sac à dos et repris en main son pistolet-mitrailleur, il avait esquissé un pas vers Belleface pour le soulever et le saisir par l'épaule.

Et ce dernier s'était alors relevé d'un geste subit, tenant lui aussi son pistolet-mitrailleur à la main.

« Non, Schiffner, tu ne me porteras pas », avait dit Belleface, guettant la stupeur dans l'œil du caporal-chef devant son refus d'obtempérer à l'ordre d'un supérieur. « Pour toi, c'est la fin », avait ajouté Belleface d'une voix blanche, sans manifester la moindre émotion. Il s'était répété cette dernière phrase pendant des années, en serrant les dents à s'en briser les os de la mâchoire, à toute heure du jour ou de la nuit. Il attendait depuis si longtemps cet instant. Jamais il n'avait douté que celui-ci se produirait un jour.

L'autre avait été comme saisi par la morsure d'un serpent venimeux en entendant prononcer ce nom inconnu de tous, sauf de lui et de cet homme dont il ignorait tout, et qui se tenait debout devant lui, prêt à tirer pour tuer. Il avait compris dans la seconde. Ils étaient seuls dans la jungle, dans cette jungle si dense et impénétrable qu'elle étouffait les bruits à quelques mètres seulement de distance. Les autres légionnaires se trouvaient déjà loin, hors d'atteinte. Il était tombé dans un piège.

Et ils étaient là, tous les deux, face à face, se regardant les yeux dans les yeux, à guetter le moindre geste de l'un ou de l'autre, à épier un changement d'expression sur leurs visages respectifs, le froncement d'un sourcil, un mouvement des ailes du nez ou le clignement d'un œil mouillé par une goutte de sueur, seuls pour toujours dans le grand vacarme incessant de la forêt vierge, où retentissaient toutes sortes de cris, sifflements, glapissements et grognements d'animaux sauvages, tenant chacun leur pistolet-mitrailleur à la main, le doigt sur la détente de cette arme de poing conçue pour les combats rapprochés, pour les corps-à-corps et les épopées individuelles, prêts à se livrer l'un et l'autre à un affrontement sans merci, à une fusillade à bout portant, leur bagarre ultime et définitive, sans témoins, le rendez-vous de toute une vie, celui que donne le destin, comme dans un de ces duels à l'épée ou au pistolet qui avaient fait et terni les réputations du premier Empire et du Far West – et c'était à qui serait le plus rapide.

Belleface avait tiré le premier.

Sur le moment, il lui sembla que le bruit causé par la rafale de son pistolet-mitrailleur avait été aussitôt englouti par la profondeur de la végétation. L'instant d'après, c'était comme s'il ne s'était jamais rien passé – sauf qu'un homme gisait au sol, la poitrine perforée, la veste de treillis ensanglantée. Puis Belleface s'était approché de Schiffner agonisant et l'avait achevé d'une balle dans le cœur. « Souviens-toi des Perlman ! », avait-il simplement dit à l'homme avant de lui porter le coup de grâce. Sans rien dire, il avait ensuite chargé le cadavre du caporal-chef sur ses épaules, par-dessus son sac à dos, le retenant par un bras et une jambe, et il pouvait sentir le sang de l'autre couler sur sa nuque et se frayer un passage entre son torse et sa veste de treillis. C'était le sang de la vengeance, le sang du mal et le sang de la délivrance qui gouttait et se répandait sur sa peau, et il pouvait humer son odeur chaude et écœurante.

Quelques instants plus tard, Belleface s'était remis en marche. Il avait rattrapé la colonne au pas de gymnastique, en se courbant autant que possible afin de passer inaperçu des Viêts, au cas où il s'en serait trouvé quelques-uns sur son chemin. Une fois rejoint le reste du détachement, encore essoufflé par sa longue course, il avait expliqué au chef Nowak que le caporal-chef Strauss avait trouvé la mort alors qu'il fermait la marche une vingtaine de mètres derrière lui. Selon la version de Belleface, un bodoï isolé avait surgi sur le chemin et avait tué le caporal-chef Strauss d'une rafale tirée à bout portant. Il n'avait rien pu faire, avait-il dit, et il avait cherché en vain le tireur qui s'était éclipsé dans la nature aussitôt après les coups de feu. Le chef Nowak avait écouté le récit de Belleface sans rien dire. Tout le monde l'avait cru. Le caporal-chef Carl Strauss avait été enterré à la va-vite dans la jungle, jeté au fond d'un trou sommaire, à quelques kilomètres de Dong Khê, oublié par tous – sauf par Belleface.

Le Vieux étendit le bras pour écraser sa cigarette dans un cendrier posé à même le drap de son lit.

« Lorsque la sanction d'un méfait n'est pas immédiatement exécutée, l'envie de faire le mal monte au cœur des fils d'Adam », est-il dit dans *L'Ecclésiaste.* Belleface mesurait toute la force et la portée de cette sentence. Il n'avait pas été en mesure de châtier Schiffner sur le moment, lorsque celui-ci commettait ses forfaits, et le désir de vengeance s'était installé en lui, comme un ferment de haine, et cette haine avait fini par l'habiter entièrement, pendant plusieurs années, lui rongeant le cœur et l'esprit. Il lui avait fallu du temps, par la suite, beaucoup de temps pour expulser cette haine de lui-même. La lecture de *L'Ecclésiaste* l'y avait aidé ; le souvenir du père Tarkowski aussi.

Il faudra que tu parles un jour à Favrier de ce prêtre, songea-t-il. Alors il comprendra peut-être pourquoi tu te sens si proche des catholiques. Car c'est quand même ce prêtre qui t'a sauvé la vie. Mieux encore : il a donné sa vie pour sauver la tienne. Peu d'hommes sont capables de faire un tel geste, pensait-il. Les soldats le font parce que c'est leur métier. Ils le font souvent sans réfléchir, d'ailleurs, de façon presque naturelle, parce que la camaraderie se renforce toujours dans les endroits où rôde la mort – tout comme l'amour. La guerre, l'amour et l'amitié : telles sont les trois lois qui régissent la vie depuis toujours, et personne ne veut le reconnaître. Non, ce que je dis est incomplet, pensa-t-il. Pour d'autres, tel le père Tarkowski, il y a Dieu. Mais pas pour moi. Je ne peux plus croire en Dieu depuis que j'ai vu mourir les miens dans le camp de Treblinka, cloués sur les portes des baraquements par les baïonnettes des SS. Et ces salauds qui n'avaient même pas eu pitié de mon petit frère David…

Le Vieux était repris par la colère. Les souvenirs rôdaient dans sa chambre, comme toujours, prêts à fondre sur lui, et Belleface savait déjà qu'il lui faudrait bientôt allumer une pipe d'opium afin de traverser cette nuit qui n'en finissait pas. C'était ce matin-là, à Treblinka, au cours de l'été 1943, que le père Tarkowski avait sauvé la vie du jeune Ariel Perlman. Découvrant que les gardes SS avaient commencé à passer par les armes des dizaines de déportés avec leurs familles, il s'était précipité jusque devant les portes de bois des baraquements pour tenter de s'interposer et proposer sa vie en échange de celle d'un enfant.

Sans tenir compte des suppliques du prêtre, les gardes avaient poursuivi leur abjecte besogne sous les hurlements des victimes, transperçant hommes, femmes et enfants de leurs baïonnettes. Toute la famille Perlman venait d'être assassinée et le tour du jeune Ariel allait venir lorsque le père Tarkowski s'était soudain jeté entre les SS et l'enfant. « Prenez ma vie en échange de la sienne ! » s'était-il exclamé en allemand et, dans un geste désespéré de défense, il avait déployé les bras, les avait écartés de toute leur longueur, formant avec les extrémités de son corps malingre comme une croix dont il avait protégé l'enfant.

Les gardes s'étaient arrêtés sous l'effet de la surprise, quêtant du regard les instructions du SS-Rottenführer

Karl Schiffner, l'un des chefs d'équipe chargés de la surveillance du camp de Treblinka, qui se tenait à quelques mètres de là, sanglé dans un uniforme noir bardé d'insignes, de brassards et de sigles. Avec un sourire narquois, Schiffner avait acquiescé d'un mouvement de tête. Avant d'être à son tour cloué contre une des portes des baraquements des déportés, le père Tarkowski avait eu le temps de donner au jeune Ariel Perlman l'exemplaire de la Bible qu'il tenait toujours à la main. Ce matin-là, Ariel Perlman s'était juré de venger les siens. Ce matin-là, il avait fait le serment de retrouver un jour Karl Schiffner et de le tuer.

Le Vieux soupira. Pourquoi fallait-il que ces images de violence et de barbarie continuent de le poursuivre et de le tourmenter avec tant de force plus de quarante ans après les faits ? Et pour quelle raison tant de pensées nouvelles, issues de la présence de Favrier parmi eux, venaient-elles le visiter depuis plusieurs jours ? Il avait pourtant le sentiment d'avoir fait ce qu'il fallait pour oublier, et il y était souvent parvenu – avec l'aide de l'opium notamment. Il s'était employé avec méthode à tenter de calmer la colère qui l'habitait, et il avait réussi à apaiser une partie de sa fureur en se concentrant sur son métier et en s'astreignant à lire et relire chaque jour *L'Ecclésiaste.* « Beaucoup de sagesse, c'est beaucoup de chagrin », est-il écrit dans le verset XVIII du premier chapitre. Belleface avait retenu cette phrase qui le consolait parfois. Mais elle ne lui était d'aucun secours ce soir-là.

Il souleva la toile de la moustiquaire et s'assit sur le bord de son lit. Il décida d'aller chercher une bière. Il se leva, prit sa kalachnikov qui reposait sur le râtelier à côté de son lit, ouvrit la porte de sa chambre et se dirigea vers la grande tente où se trouvait la glacière. Il n'y avait plus personne sous la toile de tente et l'on y voyait comme en plein jour grâce aux rayons de la lune qui s'immisçaient par les côtés. Il se saisit d'une cannette qu'il décapsula. La bière était restée fraîche car un commerçant libanais était venu leur livrer de la glace en début de soirée, comme il le faisait deux ou trois fois par jour. Elle est bien bonne, cette bière, pensa-t-il.

Belleface s'assit sur le banc qui se trouvait devant la grande table de formica et posa son fusil d'assaut sur la table. Il écouta le silence qui régnait autour de lui. Pendant plusieurs minutes, il ne fit rien, se retenant de boire et de bouger afin de se pénétrer des éléments qui l'entouraient. La lune était claire et presque pleine. Un halo de brume ou de nuages blanchâtres semblait la recouvrir par moments. Au loin, Belleface pouvait voir clignoter les lumières de la ville de Tyr, qui attiraient d'autant plus le regard qu'il n'y avait pas une étoile pour éclairer le ciel. De temps à autre, un léger souffle de vent parvenait jusqu'à lui. Il se fit la réflexion que le vent venait de la mer. Peut-être un orage arriverait-il le lendemain ?

Il se demanda s'il n'allait pas effectuer une ronde, pousser jusqu'au mirador en haut de la colline et discuter quelques instants avec la sentinelle. Non qu'il redoutât un quelconque incident : avec l'arrivée de l'escouade formée par Yarhi et ses hommes, il n'y avait rien à craindre, mais cela ferait s'écouler le temps. Peut-être même, pensait-il, que sa ronde lui permettrait d'éloigner de son esprit les images du passé qui revenaient le hanter. Il resta encore de longues minutes assis sur le banc sans bouger, en s'efforçant de ne penser à rien afin de réaliser le vide en lui.

Au bout d'une vingtaine de minutes qui lui semblèrent durer une heure, il se résigna à rentrer se coucher. Il jeta un coup d'œil à sa montre. Il était près de trois heures du matin. Il savait que le lendemain serait une longue journée, écrasée de chaleur comme les précédentes, une journée de solitude également, puisque Yahri devait remonter avec ses hommes jusqu'à la frontière libano-syrienne, où il était attendu par les responsables de plusieurs check-points qui sentaient eux aussi venir le danger. Il entra dans sa chambre d'un pas lourd. Il lui fallait trouver le sommeil, enfin. Il détestait s'abrutir à coup d'alcools forts. Heureusement que l'opium lui permettait de supporter ses cauchemars nocturnes. Il décida d'allumer une pipe. Comme chaque nuit.

Ras-el-Bayada, le 8 mai 1985, 7 h 15

« Venez avec moi, dit Avner Yarhi. Allons marcher un peu. »

Favrier ne répondit pas mais il regarda le commandant avec un air interrogateur. Il était surpris par la proposition de Yarhi. Les deux hommes étaient assis sur des parpaings de béton que le personnel du détachement du génie israélien avait laissés sur place au cours de la construction du bungalow. Les parpaings avaient été empilés sur différents niveaux et disposés de façon à former un cercle, au centre duquel se trouvaient quatre autres blocs de béton recouverts d'une épaisse plaque de tôle rouillée. Orienté vers l'est, c'était le lieu où ils prenaient la plupart de leurs petits déjeuners, avant que l'astre solaire ne s'élève au-dessus du relief montagneux qui s'étendait jusqu'à la Syrie. Ils pouvaient s'y retrouver aussi le soir car ils étaient ainsi adossés au bungalow, qui les protégeait du soleil couchant et du vent lorsqu'il venait de la mer.

« Allons faire un tour du camp, reprit l'officier israélien avec un sourire. On va dire que nous effectuons une ronde.

— C'est Belleface qui fait les rondes d'habitude, dit Favrier.

— Je vais vous raconter ce que je sais de lui, répondit Yarhi.

— Je croyais que vous ne vouliez rien dire sur lui sans avoir obtenu son accord, fit Favrier.

— J'ai vu Belleface ce matin. Il ne voit pas d'objection à ce que je vous dise ce que je sais de lui.

— C'est curieux, dit Favrier. Pourquoi ne me parle-t-il pas lui-même ?

— Il faut croire que vous ne lui avez rien demandé directement.

— Où est le Vieux ?

— Il est parti se baigner dans la crique avec un de ses hommes. Je crois qu'il a eu une nuit agitée », dit l'officier de blindés. Favrier remarqua qu'il portait la même tenue que la veille. Elle était simplement un peu plus froissée.

« J'ai un tour de garde à huit heures, dit le Français.

— Nous avons largement le temps de faire le tour du camp.

— OK, fit Favrier, allons-y. » Il se leva et but d'un trait les dernières gorgées de son café. L'officier israélien fit de même. Les deux hommes reposèrent leur quart en fer-blanc sur la plaque de tôle. Puis Favrier prit son fusil d'assaut qu'il passa en bandoulière sur son épaule.

« Par où va-t-on ? demanda Favrier.

— Quel est votre itinéraire habituel ?

— Cela dépend. Belleface en change tout le temps.

— Alors partons vers le sud, direction Israël », dit Yarhi. Et les deux hommes se mirent en chemin.

« Qui est dans le mirador, ce matin ?

— Je crois que c'est Yared, répondit Favrier.

— Il est bien ?

— C'est un bon camarade et un excellent tireur, dit Favrier. Il fait mouche à chaque coup.

— Sur cible immobile ou sur cible mouvante ?

— Les deux, mon commandant. Yared est un tireur d'élite.

— Je vois, fit Yarhi. Un bon équipage de char est celui qui met dans le mille à chaque fois, même quand le char est en mouvement. Cela vaut aussi pour les artilleurs.

— Ce n'est pas trop ce type de guerre qu'on a ici.

— C'est vrai. C'est comme une guerre en suspension, une guerre où l'ennemi se fond dans un environnement qui lui est favorable, répondit le commandant. Il ne se passe pas grand-chose, et puis, soudain, ça explose. Après, on compte les gars restés sur le tapis. Les Français ont connu cela en Algérie.

— Alors cela veut dire que les Israéliens vont perdre cette guerre ?

— Pourquoi dites-vous cela ?

— Parce que les Français avaient tout le peuple algérien contre eux. C'est pourquoi ils ont perdu, dit Favrier. C'est un peu la même chose ici, non ?

— Non. Ici, nous avons les chrétiens avec nous. Et ils représentent la moitié de la population.

— Si vous le dites… »

La pente commençait à s'incliner fortement et, ne pouvant plus marcher de front à cause des rochers qui parsemaient leur chemin, ils prirent l'un derrière l'autre la piste tracée par leurs patrouilles quotidiennes entre rocs et broussaille. Le commandant Yarhi ouvrait la marche. Il reprit la parole au bout d'un moment.

« J'ai donc croisé Belleface ce matin. Je peux vous dire qu'il vous aime bien.

— Pourquoi me dites-vous cela ?

— Parce que c'est la vérité.

— Que vous a-t-il dit ?

— Rien de particulier sur vous. Mais j'ai compris qu'il vous aimait bien.

— Ah bon ?

— Oui. Le simple fait qu'il m'autorise à vous parler de lui prouve qu'il vous estime et vous apprécie.

— Sa vie est à ce point un secret d'État ? demanda Favrier.

— Non. Mais elle n'est pas banale, répondit le commandant.

— Alors racontez-moi. »

Ils étaient arrivés sur un repli du terrain, qui s'aplanissait à cet endroit pour constituer comme une plateforme naturelle au milieu de la pente. Le mirador se trouvait à une vingtaine de mètres au-dessus d'eux, en surplomb, et Favrier pouvait voir Yared qui les guettait de l'œil. Le maronite portait son fusil comme à son habitude, les bras repliés autour de la culasse et de la crosse de son arme, un peu comme s'il portait un nouveau-né emmailloté dans ses langes. Il avait accroché par la sangle son émetteur radio à l'un des poteaux du mirador. Le Français lui fit un signe de la main et l'autre lui rendit son salut en levant deux doigts dressés jusqu'à l'insigne de son béret.

« Arrêtons-nous ici », dit Yarhi.

Ils s'interrompirent dans leur marche. Pendant quelques instants, ils regardèrent à l'horizon la baie de Tyr, saisis comme à chaque fois par la beauté du site – une beauté, pensa Favrier, qui était à la fois grandiose, du fait de la majesté du lieu, et émouvante, car le laisser-aller et les dégradations liées à la guerre n'étaient pas parvenus à l'altérer.

« J'aime cet endroit, dit Favrier. Je pourrais y mourir sans hésiter.

— Ce que vous dites est absurde, répondit l'officier. Vous avez bien mieux à faire que de mourir dans ce trou perdu. »

Favrier ne répondit pas. Il contemplait à présent les ruines antiques de la cité phénicienne qu'il apercevait au loin et qui précédaient l'arrivée dans la ville moderne. D'où il se trouvait, les murailles de pierres calcaires, les rues quadrillées, l'arène, et même les vestiges du château croisé, qu'il croyait deviner dans le paysage, formaient comme une éclaboussure de blancheur entre les nuances bleues de la mer Méditerranée et les tons verts des palmeraies, orangeraies et bananeraies qui bordaient cet ensemble monumental.

Il se souvenait avoir visité ces ruines un matin avec Belleface. Cela s'était passé quelques semaines plus tôt, songeait-il, le jour où Belleface avait eu besoin de se rendre dans une banque de Tyr pour y échanger des dollars contre des livres libanaises. Ils avaient fait le déplacement à trois dans une Mercedes que leur avait prêtée un vieux maronite qui vivait dans la montagne, et ils avaient revêtu pour l'occasion des habits civils. Favrier se souvenait de sa surprise lorsqu'il avait vu le Vieux portant un jean et un tee-shirt qui laissaient voir son début d'embonpoint. Belleface avait emporté avec lui son pistolet, chargé et armé, et il l'avait conservé sans cesse à la main, enveloppé par un sac de plastique opaque, dans lequel il avait percé un orifice afin de pouvoir y mettre le doigt sur la détente. Personne ne s'était douté de rien, pas même dans la banque.

« D'ailleurs, Belleface place de grands espoirs en vous », reprit le commandant.

Favrier ne prêtait plus attention à ce que disait Yarhi. Il se rappelait maintenant le choc esthétique qu'il avait éprouvé en visitant les ruines de la cité phénicienne. Avec Belleface, ils avaient arpenté, sans croiser personne, pas même un garde ou un fonctionnaire du gouvernement, une vaste chaussée bordée de trottoirs aux grandes dalles de pierre calcaire blanche et d'une colonnade sur lesquels venait se réverbérer le soleil du printemps. Il avait été ébloui et il avait regretté de ne pas avoir emporté avec lui des lunettes de soleil qui lui auraient permis de mieux se délecter du charme puissant de ces vestiges où régnait une étrange intensité d'histoire et de beauté. Pendant toute la durée de leur visite, Belleface s'était tu lui aussi, comme s'il avait été pris soudain d'un accès de déférence envers ce lieu d'une telle splendeur, passée et présente.

« On prétend que c'est là, dans ces arènes, qu'a été tournée la scène de la course de chars du film *Ben-Hur* », avait dit Belleface à Favrier qui conservait un très vague souvenir de ce film.

« Tu vois, l'histoire de Judah Ben-Hur, c'est un peu celle de mon peuple, avait ajouté le Vieux après un moment de réflexion. Et c'est aussi celle du tien, avec ce Jésus-Christ qui renonce à devenir roi des Juifs parce qu'il préfère exercer une souveraineté sur les âmes. Tu devrais lire ce livre. À la fin du roman, Ben-Hur et sa femme Esther se convertissent au christianisme. Je suis sûr que cela te plaira. » Favrier s'était promis de lire ce roman, mais il n'en avait rien fait. Aujourd'hui, il le regrettait.

« Avez-vous entendu ce que je viens de vous dire ? » demanda le commandant Yarhi.

Favrier reprenait ses esprits.

« Je vous écoute, dit-il.

— Je vous disais que Belleface place de grands espoirs en vous, fit Yarhi.

— Vraiment ?

— Oui. Il pense que vous avez toutes les qualités pour devenir un vrai soldat.

— Venant de lui, je le prends comme un compliment.

— Je crois que quand il vous regarde, il a comme l'impression de se revoir jeune. »

Favrier ne répondit pas. Il ignorait si le commandant disait ou non la vérité. Mais il éprouvait une immense fierté et il sentait soudain son cœur battre plus vite. Ainsi le Vieux voyait-il en lui de la graine de bon soldat ? Mais pourquoi ne le lui avait-il pas dit plus tôt ? Pourquoi se taisait-il encore aujourd'hui ? Car, au fond, tout ce que souhaitait Favrier, c'était ce que venait d'exprimer le commandant Yarhi : devenir un bon soldat et recevoir l'adoubement du Vieux, devenu comme un père spirituel pour lui.

Depuis qu'il était arrivé à Ras-el-Bayada, c'était une certitude que Favrier avait sentie croître en lui au point d'occuper bientôt tout l'espace de ses réflexions : il s'était découvert une vocation pour ce métier et il savait qu'aucun autre ne pourrait plus lui convenir désormais. Il éprouvait la conviction absolue qu'il s'ennuierait s'il devait, pour une raison ou une autre, consacrer son existence à autre chose qu'à attendre la guerre ou la faire. Lorsque l'on a goûté à la vie de soldat sous les ordres d'un chef comme Belleface, on ne peut concevoir de revenir à la banale, la monotone, l'ennuyeuse vie d'un civil. C'était une évidence, se dit-il.

Favrier pensait à présent à ses parents, et en particulier à sa mère. Que dirait celle-ci lorsqu'elle apprendrait la décision qu'il savait avoir déjà prise ? Et comment la lui annoncer ? Il se représentait la scène, dans le salon de la Gorge aux Archers, elle pleurant, assise sur son canapé de velours, le suppliant de renoncer à sa décision, et lui, debout, près de la fenêtre, s'enfermant dans la certitude de son choix, demeurant à distance d'elle afin de trouver la force de s'en tenir à sa résolution. Il ne devait pas tenir compte de l'avis de sa mère, songeait-il. C'était de sa vie à lui qu'il était question. Personne ne devait avoir barre sur lui face à un tel choix d'existence. Mais ce n'étaient que des conjectures inutiles, pensa-t-il ensuite, car, après ce que venait de lui dire le commandant, il savait qu'il n'accepterait plus jamais que quiconque ait prise sur lui. Pas même une femme. Pas même sa mère.

« Et que vous a-t-il dit d'autre ? demanda Favrier.

— Rien d'autre sur vous, fit Yarhi. Mais le peu qu'il m'a dit de vous représente beaucoup. En avez-vous conscience ?

— Oui.

— Belleface n'est pas du genre à s'attacher à quelqu'un. Alors maintenant, il importe de ne pas le décevoir.

— J'ai compris.

— Je suis sûr que vous saurez vous montrer digne de lui.

— Je l'espère. En tout cas, je ferai tout pour cela. »

Il regardait la mer qui scintillait sous les premiers rayons de soleil de la journée et il se sentit plus heureux que jamais. Il avait trouvé sa place dans le monde et pressentait que son destin serait un jour de pouvoir faire la guerre sans haine, à l'image de Belleface, c'est-à-dire comme un soldat professionnel, puis de devenir un vieux sage comme lui. Favrier eut soudain comme une intuition : peut-être était-ce cette sagesse qu'il admirait et enviait chez Belleface plutôt que la parfaite connaissance de son métier de soldat ?

« Alors, quel est le secret dont il refuse de parler ? demanda Favrier.

— Je ne sais pas tout de la vie de Belleface. Mais je sais certaines choses. Je connais notamment son vrai nom et je sais d'où il tient celui par lequel il se fait appeler. »

Ils s'assirent tous les deux sur des rochers, en tournant le dos à la mer Méditerranée.

« Auriez-vous une cigarette ? demanda Avner Yarhi.

— Non. Désolé, je ne fume pas.

— Cela n'a pas d'importance. Moi non plus, d'ailleurs. Mais comme l'histoire que je vais vous raconter va être longue, je me suis dit qu'une cigarette m'aiderait à tenir la distance. »

L'officier israélien se racla la gorge et Favrier eut l'impression qu'il hésitait, comme s'il ne savait par où commencer.

« Celui que vous appelez le Vieux se nomme en réalité Ariel Perlman, dit le commandant. Il est né à Varsovie, avant la Seconde Guerre mondiale, dans une famille juive polonaise, une famille de la riche bourgeoisie, cultivée et raffinée, à l'image de celle que l'on trouvait alors en Europe centrale et occidentale, à Vienne notamment. Je ne sais pas exactement combien il avait de frères et de sœurs mais il en avait plusieurs. Son père était médecin, m'a-t-il confié un jour, et je crois savoir que sa mère était destinée à une grande carrière de violoncelliste. Le désir de se consacrer pleinement à sa famille et l'arrivée de la guerre l'en ont empêchée. »

Favrier lui coupa la parole : « Quel âge a-t-il ?

— La soixantaine. Je pense qu'il a dû naître entre 1925 et 1930. Disons en 1927 ou 1928, répondit Yarhi, qui ajouta : Mais attendez : laissez-moi vous raconter ce que je sais.

Son père voulait qu'il soit médecin, poursuivit le commandant, mais lui-même ne le souhaitait pas. Leur mésentente sur ce point ne s'est jamais exprimée car les projets que ses parents avaient formés pour les membres de leur famille ont volé en éclats avec l'invasion de la Pologne, en 1939, par l'armée allemande. Aussitôt après l'arrivée des nazis dans Varsovie, au bout de quelques semaines de guerre éclair, la famille de Belleface s'est retrouvée prise au piège dans la capitale polonaise. Comme des centaines de milliers d'autres familles, elle a alors été contrainte de déménager dans le ghetto. »

Le commandant s'arrêta de parler quelques instants.

« Vous me suivez ?

— Oui.

— À ce que je sache, reprit-il, les Perlman ont vécu comme ils ont pu dans le ghetto, et plutôt pas si mal, d'ailleurs. Curieusement, les rares fois où Belleface m'en a parlé, il évoquait plutôt des souvenirs heureux. Mais c'est peut-être parce qu'il s'agissait de ses derniers souvenirs d'enfance. Car, au cours de l'été 1942, ou peut-être au printemps de cette même année, je ne sais pas exactement, toute la famille Perlman a été déportée dans le camp d'extermination de Treblinka. Ce dont je me souviens, parce que Belleface a évoqué un jour ce point devant moi, c'est que leur déportation est intervenue peu de temps avant le début de l'insurrection du ghetto de Varsovie. Le destin de la famille aurait-il été différent si elle avait pu échapper à la rafle ? Je me suis souvent posé cette question sans pouvoir y répondre. Nous ne le saurons jamais.

— Belleface aussi a été déporté ?

— Oui, comme tous les siens. Il était alors âgé de quinze ou seize ans. Mais il a survécu. Il est le seul de sa famille à avoir survécu. Son père, sa mère, son frère et ses sœurs ont été assassinés par les nazis. Et ils l'ont été, si ma mémoire ne me trahit pas, sous les yeux de leur fils et frère. Mais lui en a réchappé. On ne sait pas trop comment. Je ne crois pas aux miracles, dit Yarhi, mais là, c'en était un. Oui, c'était un vrai miracle. C'était comme s'il y avait eu une intervention divine. » Puis il ajouta : « Je crois que c'est de là qu'il tire sa force. »

Écoutant le commandant parler, Favrier se disait que Belleface était encore plus exceptionnel et admirable qu'il ne le pensait jusque-là. Il interrompit l'officier de Tsahal : « Savez-vous comment le Vieux est parvenu à survivre par la suite à Treblinka ? Cela paraît tellement extravagant quand on sait dans quelles conditions vivaient les déportés. Il a réussi à s'évader du camp ?

— Je l'ignore. Tout ce que je sais, c'est que sa famille entière a péri là-bas et que c'est probablement la source de la colère que l'on sent parfois sourdre en lui.

— On peut le comprendre, répondit Favrier. Qui ne serait pas en colère à sa place ?

— À la fin de la guerre, il était donc orphelin, comme des milliers d'autres enfants ou adolescents ayant vécu à cette époque. Mais Belleface était déjà différent des autres. Du moins, je le suppose.

— Que voulez-vous dire ?

— Je pense qu'il possédait déjà, ancrée en lui, cette force vitale que je n'ai jamais observée chez d'autres que lui. Vous voyez très bien ce que je veux dire : lorsqu'on regarde Belleface, on a l'impression qu'il ne peut rien lui arriver, que rien ne peut l'abattre, que même si tous les éléments de la terre et du ciel se réunissaient contre lui, ils ne parviendraient pas à le faire tomber. Ou alors, s'ils parvenaient à le faire tomber, Belleface se relèverait.

— Je vois. C'est exactement cela, dit Favrier.

— Il semble qu'il avait déjà cette force en lui à la fin de la guerre. Je ne vois pas d'autre explication à sa survie. Cela dit, pour revenir là où nous en étions de son histoire, je ne sais pas ce qu'il a fait entre la fermeture du camp de Treblinka et son engagement dans la Légion étrangère. Il y a là quelques années qui représentent pour moi un grand mystère.

— En quelle année le camp de Treblinka a-t-il fermé ?

— À la fin de l'année 1943. Je suppose que Belleface s'est caché aux alentours, dans les villages et les forêts des environs. Beaucoup de Polonais ont abrité et protégé des juifs alors, souvent dans des fermes isolées de campagne, notamment autour de Treblinka. Ou peut-être Belleface a-t-il réussi à fuir dans un autre pays ? C'est fort possible. Plusieurs éléments m'ont conduit à le penser.

— Quoi donc ?

— Il ne m'en a jamais rien dit, mais j'émets deux hypothèses. Soit il a réussi, je ne sais comment, à traverser l'Allemagne et à passer dès l'année 1944 en Suisse ; soit il est parvenu à rejoindre l'Italie. Je ne crois pas à la première hypothèse : en tant que pays neutre, la Suisse était un but à atteindre pour les millions de réfugiés de l'époque, raison pour laquelle ses frontières avec l'Allemagne étaient pratiquement étanches avant et pendant la guerre. Je ne vois pas comment un adolescent juif, épuisé, sans argent, sans vêtements de rechange, sans l'aide de quiconque, aurait pu traverser la Pologne et l'Allemagne nazie sans se faire remarquer ni capturer, puis passer sans encombre la frontière du pays le plus hermétique qui soit. C'est pourquoi j'opterais plutôt pour la seconde hypothèse.

— L'Italie, donc ?

— Oui. Je crois que notre homme a réussi à passer en Italie, dans le Val d'Aoste, région de montagnes très peu peuplée, où il s'est sans doute caché dans les refuges d'altitude, protégé par les distances et le silence, et peut-être aussi par quelques bergers ou résistants à Mussolini, qui eux-mêmes avaient pris le maquis. Pour y parvenir, il lui a fallu traverser la Pologne et l'Autriche, en passant par la Tchécoslovaquie ou par la Hongrie. Sans être certain de rien, je penche pour cette hypothèse. En fait, je suis presque sûr de ce que je vous dis.

— Y a-t-il des éléments précis qui vous permettent de l'affirmer ?

— Oui. Il y en a un. Et c'est un argument puissant.

— Lequel ?

— Belleface.

— C'est-à-dire ? demanda Favrier sans cacher son étonnement.

— Son nom. Ou plutôt son pseudonyme : Belleface. Il m'a dit, un soir de veille dans le désert du Néguev, qu'il avait eu l'idée de prendre ce nom lorsqu'il s'était engagé dans la Légion étrangère à la fin de la guerre, sans doute en 1945 ou en 1946.

— Je ne comprends pas.

— Ce soir-là, il m'avait expliqué que ce nom était pour lui synonyme de liberté, et que c'était la raison pour laquelle il l'avait choisi.

— Je ne comprends toujours pas.

— J'y arrive, fit Yarhi. Pour parvenir jusqu'en France, il est passé par le col de Belleface. C'est un col d'altitude, difficilement praticable parce qu'il culmine à plus de trois mille mètres, qui se trouve entre la France et l'Italie, dans cette région du Val d'Aoste dont je vous parlais à l'instant. C'est après avoir passé ce col, le dernier obstacle sur sa route, qu'il est entré en France, qui représentait pour lui le pays de la liberté. Voilà d'où vient ce nom qui vous étonne tant et qui lui va si bien.

— Invraisemblable ! s'exclama Favrier. Si tout ce que vous me racontez est vrai, c'est tout simplement inouï. Belleface est un vrai personnage de roman.

— Oui. C'est incroyable, répondit Yarhi. Maintenant, vous comprenez pourquoi j'estime que Belleface n'est pas tout à fait un homme comme les autres.

— C'est le moins qu'on puisse dire…

— Je crois que c'est une grande chance de rencontrer quelqu'un comme lui à votre âge.

— J'en suis tout à fait conscient. Parfois, je me dis qu'il est le père que j'aurais aimé avoir.

— Je vous comprends. Je me suis souvent fait la même réflexion autrefois. Quand je l'ai connu, on ne voyait que lui dans l'armée israélienne. Il avait encore plus de charisme qu'aujourd'hui : il était plus jeune, plus fort, plus affûté, porté par une espèce de certitude intérieure – mais il n'avait pas la sagesse qu'il a acquise depuis. »

Le commandant se saisit d'un caillou sur le sol et il s'amusa à le faire passer d'une main à l'autre.

« Cette sagesse, je la lui envie parfois, dit Favrier.

— Vous savez, la sagesse est d'abord une question d'expérience. Donc une question d'âge. Vous avez le temps de l'acquérir. Vous êtes encore jeune.

— Belleface vous a visiblement beaucoup marqué, vous aussi.

— Je crois qu'il a marqué tous ceux qui l'ont connu ou approché.

— Il est de ces hommes, très rares, qu'on voudrait avoir toujours avec soi, dit Favrier.

— Mais peut-être que ces hommes-là préfèrent rester seuls », répondit Yarhi.

Le silence se fit entre eux. Favrier réfléchissait à ce que venait de dire l'officier israélien. Il était vrai, songeait-il, que Belleface paraissait toujours rechercher le silence et la solitude plutôt que la compagnie de ses semblables. Parfois, lorsqu'il l'observait sans que l'autre le sache, il lui semblait que le Vieux vivait entouré de fantômes – les fantômes de sa famille et de ses amis disparus, sans doute, sans oublier l'ombre de *L'Ecclésiaste*.

Le commandant laissa retomber son caillou sur le sol. Puis il détacha la gourde qu'il portait à son ceinturon et il en dévissa le bouchon. Il la tendit à Favrier.

« Vous avez soif ?

— Après vous, mon commandant », dit Favrier.

Avner Yarhi but une longue gorgée. Puis il tendit à nouveau la gourde à Favrier.

« Elle est bien fraîche. Profitez-en, dit-il.

— Les autres hommes de l'ALS sont au courant de toute cette histoire ? demanda Favrier après avoir bu une gorgée.

— Ils en connaissent tous plus ou moins des bribes. Ils imaginent des choses. Ils brodent sur sa vie quand ils parlent de lui entre eux. Mais aucun ne sait tout ce que je viens de vous raconter. Soyez discret.

— Soyez sans crainte, répondit Favrier. J'ai réfléchi à ce que vous m'avez dit hier soir. Vous aviez raison : c'est sa vie et non la nôtre. Elle lui appartient.

— Nous sommes d'accord, fit Yarhi en se levant. On y va ? On finit notre ronde avant de rentrer au camp ? Je dois partir avant neuf heures avec mes hommes. ».

Favrier se leva à son tour. Et, tandis que l'officier israélien reprenait sa marche, il se retourna et contempla une fois de plus ce panorama qu'il aimait tant, avec ses paysages qui paraissaient surgir d'un verset de la Bible, son ciel immémorial et la Méditerranée qui brillait sous le soleil. Il eut l'impression d'assister au premier matin du monde.

Ras-el-Bayada, le 8 mai 1985, 8 h 45

Belleface entendit de loin le grondement des moteurs du Merkava et des M113 qui tournaient au ralenti. Il s'était dépêché de rentrer de la baignade car il savait que Yarhi et ses hommes devaient les quitter avant neuf heures. Mais il savait aussi que le commandant l'attendrait pour le saluer avant de poursuivre sa mission jusqu'aux postes de l'ALS situés près de la frontière entre le Liban et la Syrie. Il était accompagné de Nader qui alla prendre une douche lorsqu'ils arrivèrent au camp. Le Vieux aimait le contact du sel sur sa peau et il résolut de ne pas se dessaler et de conserver sur lui le treillis qu'il avait enfilé après la baignade dans la crique.

Il aperçut Avner Yarhi, debout devant son char, qui plaisantait avec quelques-uns de ses hommes. L'officier israélien lui fit un signe de la main lorsqu'il l'aperçut. Belleface jeta un coup d'œil à sa montre et il pressa le pas. Il tenait sa kalachnikov à la main.

« Alors, ça y est. Cette fois, tu t'en vas ? demanda-t-il lorsqu'il fut arrivé à la hauteur de l'officier de blindés.

— Eh oui. Je vais te laisser te débrouiller tout seul comme un grand », répondit Yarhi. Il ajouta : « Tu me contactes par radio si tu as besoin de moi, bien sûr.

— Je vais essayer de faire sans toi. J'en ai vu d'autres, fit le Vieux en souriant.

— Ça, je le sais. Mes ordres sont d'aller faire un tour du côté de Tibnine, de montrer que nous sommes bien présents sur le terrain, puis d'aller passer la nuit dans un check-point de l'ALS près de Marjayoun. J'ai prévu de repasser par ici sur le chemin du retour. Essaie de nous prévoir un bon repas, pour une fois.

— On va faire ce qu'on peut », fit Belleface.

Et les deux hommes se serrèrent la main.

« Alors, on y va », cria le commandant aux membres de son détachement. Et les hommes grimpèrent tous dans leurs véhicules blindés, les uns dans le char, les autres dans les deux véhicules de transport de troupes. Les engins démarrèrent quelques instants plus tard, dans le fracas des moteurs qui passaient les premières vitesses et les crissements qu'émettait l'acier des chenilles au contact du sol caillouteux du campement, puis de la route côtière en goudron. Quelques minutes plus tard, Belleface et ses hommes étaient de nouveau livrés à eux-mêmes. En proie à l'attente.

Le Vieux donna l'ordre d'abaisser la barrière à la sentinelle qui se trouvait de faction à l'entrée du check-point. À cette heure de la matinée, il était rare qu'un véhicule se présente à Ras-el-Bayada pour pénétrer dans l'enclave ou en sortir. Il décida d'effectuer une ronde autour du camp, et, pour une fois, de ne pas se faire accompagner. Il voulait inspecter chaque lieu, chaque recoin de leur installation de défense, mais il souhaitait le faire seul pour être en mesure de se concentrer comme il l'entendait.

Il s'en fut d'abord le long de la route côtière, en prenant vers le sud. Comme à chaque fois, les chenilles des blindés israéliens avaient laissé une empreinte profonde sur le goudron de la chaussée et il savait qu'il faudrait attendre le passage de centaines de véhicules civils avant que le macadam de la route ne reprenne son aspect habituel. Les nids-de-poule étaient nombreux et, par endroits, certains tronçons de route manquaient, et les voitures et camions roulaient alors sur la terre et le sable en soulevant d'épais nuages de poussière. Il observait avec méticulosité l'état de la chaussée, et il en inspectait aussi les alentours. Il savait que les hommes du Hezbollah plaçaient toujours sur les bas-côtés de la route, dissimulés par un buisson, un bidon usagé ou des tas de chiffons et de vieux tissus, leurs road-side-bombs, ces systèmes d'explosifs artisanaux qu'ils commandaient à distance lorsque passait à proximité un véhicule de Tsahal ou de l'ALS. Avec les voitures piégées qui se présentaient à l'entrée des check-points, c'était leur technique pour créer une atmosphère de terreur latente.

Le Vieux n'aimait pas ce nouveau type de guerre. Il s'y était fait, bien sûr, mais il ne l'aimait pas. Lorsqu'elles avaient été bien conçues et bien fabriquées, puis actionnées au bon moment contre un véhicule léger, ces road-side-bombs étaient meurtrières. Et elles étaient d'autant plus redoutables qu'elles étaient imprévisibles. Une fois sur deux, elles atteignaient leur cible et parvenaient à détruire ou endommager le matériel. Une sorte de jeu à pile ou face, en somme. Et, une fois sur trois, elles faisaient mouche – c'est-à-dire qu'elles entraînaient mort d'homme.

Mais le pire, songeait le Vieux en marchant le long de la route, c'était lorsqu'on en réchappait après avoir été salement touché. La mutilation était ce qu'ils craignaient tous. C'était une peine plus cruelle que la mort, parce qu'elle était subie à perpétuité, jusqu'à la fin de la vie. Alors que la mort… Oui, mieux valait disparaître, se dit-il. C'était cela, leur lot commun à tous sur cette terre : disparaître. Et elle était là, dans la mort qui frappait tous les hommes, l'égalité parfaite que les révolutionnaires de tous lieux et de toutes époques cherchaient depuis l'origine des temps à imposer aux autres. Était-ce la raison pour laquelle les hommes se faisaient la guerre ? Cherchaient-ils ainsi l'égalité totale et absolue ?

Il se récita en murmurant ce verset de *L'Ecclésiaste* : « Les vivants savent au moins qu'ils mourront, mais les morts ne savent rien du tout. Il n'y a plus pour eux de rétribution, puisque leur souvenir est oublié. Leur amour, leur haine, leur jalousie ont déjà péri, et ils n'auront plus jamais part à tout ce qui se fait sous le soleil. » Il savait très bien qu'il n'attendait plus rien de l'existence – et ce depuis longtemps. Il aspirait à rejoindre les siens, les membres de sa famille dont le souvenir était oublié de tous, mais quelque chose l'en avait toujours dissuadé. Il ignorait quel était ce quelque chose.

« Mais l'homme ne connaît pas son heure », dit aussi, quelques versets plus loin, *L'Ecclésiaste*. Belleface attendait donc son heure, sans impatience et sans acrimonie. Il savait qu'elle surviendrait au moment où il s'y attendrait le moins. C'était la règle du jeu, et il l'acceptait. « Ainsi soit-il », avait dit le père Tarkowski avant d'être poussé par les gardes du camp de Treblinka contre le mur d'exécution où avait péri sa famille. « Ainsi soit-il » : tels avaient été les derniers mots de cet homme de Dieu et Belleface ne les avait jamais oubliés. Pas plus qu'il n'avait oublié ses derniers gestes, qui étaient un signe de croix, le premier pour lui-même, le second pour ses assassins. Ainsi soit-il pour toujours. Jamais il n'oublierait le père Tarkowski qui lui avait donné sa bible avant de mourir à sa place. C'était bien la preuve que les morts pouvaient parfois, en dépit de ce qu'assurait *L'Ecclésiaste*, rester dans le souvenir des vivants.

Encore fallait-il que leur mémoire se transmette à chaque génération. Qui se souviendrait du père Tarkowski s'il ne racontait à personne les derniers instants de ce prêtre et le don que ce dernier avait choisi de faire de sa vie ? À l'époque, il en avait parlé à Ruth. Il voulait qu'elle sache d'où il revenait, et elle en avait été à la fois meurtrie et horrifiée. Mais Ruth était morte et elle n'avait jamais dévoilé à personne ce secret de la vie de Belleface. À qui aurait-elle pu le dire, d'ailleurs, puisqu'ils n'avaient pas eu d'enfants ? Et aujourd'hui, se demanda-t-il, à qui pourrais-je confier que le père Tarkowski m'a donné sa vie et que j'ai pris celle de Karl Schiffner ? Qui pourrait le comprendre ? Il ne voyait guère qu'une personne, dans son entourage, susceptible d'entendre ce type de confession, et c'était Favrier. Le jeune Français ne le jugerait pas, pensa-t-il, non seulement parce qu'il buvait ses paroles, comme un fils peut le faire lorsqu'un père admiré se confie, mais aussi parce que cette expérience vécue par son aîné pourrait contribuer à l'édifier.

Oui, c'était ainsi que les choses devaient se faire, pensa-t-il, et c'était ainsi qu'elles se faisaient depuis toujours lorsque chacun était à sa place – là où il se doit d'être. Il fallait que les fils écoutent leurs pères et il fallait que les pères confient à leurs fils ce qui les aiderait à grandir – même s'il s'agissait d'une expérience douloureuse. Pourquoi n'avait-il jamais transmis à plus jeune que lui ce qu'il avait appris au cours de son existence pleine de douleur – et de volonté pour la surmonter ? Le temps est venu que tu racontes à Favrier ce que tu sais de la vie, se dit-il. Le temps est venu que tu lui dises ce qu'a été ta propre vie.

Pendant quelques instants, il eut le sentiment d'être soulagé par ces pensées. Il continuait d'observer la chaussée en cheminant et, sans y prêter attention, il était parvenu à l'endroit où s'élevaient les limites du camp, représentées par plusieurs rangs de barbelés, entre lesquels étaient disséminées des mines, constituant un obstacle dense et complexe pour une offensive menée par des hommes à pied. Il revint sur ses pas, puis il repartit dans la même direction, mais à l'intérieur du camp. Il prenait du plaisir à suivre l'itinéraire de cette ronde le long des barbelés car il lui permettait de jouir d'autres perspectives sur les paysages qui les entouraient. Il pressa le pas, sans savoir pourquoi, jusqu'au moment où il parvint sur une petite éminence, à quelques mètres au-dessus du sol, formée par un vaste rocher plat. Il y avait installé un vieux rondin de bois délavé par le soleil, le vent et la pluie, sur lequel il aimait s'asseoir pour faire le guet, un peu à l'écart de la vie du campement. Il s'y assit après avoir passé sa kalachnikov en bandoulière.

Il repensait à Ruth, sa chère Ruthy. Pourquoi fallait-il que tous les êtres qu'il aimait finissent par mourir assassinés ? Portait-il malheur ? En différentes périodes de son existence, il s'était déjà posé cette question. Et voici qu'elle revenait le tourmenter. Était-ce à cause de lui que ceux qu'il aimait mouraient si jeunes, et toujours dans la violence ? Valait-il mieux qu'il n'aime pas afin de ne pas provoquer la mort de ceux qui l'entouraient ? Il pensa que s'il s'était écarté volontairement des autres, c'était autant par superstition, afin de les épargner, que par égoïsme. C'était cela, la vérité, et il n'était pas très agréable de se l'avouer.

En même temps, se dit-il, j'avais des raisons d'être seul et de souhaiter le rester. Comment demander à la femme qu'on aime de partager la vie d'un soldat, un soldat qui se voit sans cesse contraint de partir, sans jamais être sûr de revenir ? Je suis fidèle. Je ne suis pas du genre à tromper ceux que j'aime. Je ne suis d'ailleurs pas du genre à tromper qui que ce soit. Le seul que j'aie trompé au cours de ma vie, c'était Karl Schiffner, mais j'avais de bonnes raisons de le faire. J'ai le cœur fidèle, donc, et je l'ai prouvé du temps de Ruth. Mais ma vie a toujours été faite de déchirures, de ruptures, de cassures. Et c'est ainsi depuis le début. Que puis-je y faire ? Il y a un destin pour chacun, et c'était sans doute le mien.

Il venait d'allumer une cigarette et il regardait le paysage sans vraiment le voir. Ce qui est sûr, se disait-il encore, c'est que tu ne t'es pas très bien conduit avec Ruth. Tu aurais dû l'épouser et lui faire des enfants. Pourquoi n'as-tu pas eu d'enfants avec Ruth ? Peut-être qu'elle serait encore en vie si tu l'avais épousée et que tu avais fondé une famille avec elle. Ce fameux jour où elle a été tuée, elle serait peut-être partie chercher vos enfants à l'école et elle ne serait pas rentrée seule, à cette heure-là, chez elle, dans cet escalier de malheur où l'attendait la mort. Oui, c'est ce que tu aurais dû faire : épouser Ruth. Dans *L'Ecclésiaste,* il est bien dit : « Prends la vie avec la femme que tu aimes, tous les jours de la vie de vanité que Dieu te donne sous le soleil, tous tes jours de vanité, car c'est ton lot dans la vie et dans la peine que tu prends sous le soleil. » Il n'avait pas eu d'enfants avec Ruth et, aujourd'hui, il le regrettait. Il pensait : si tu l'avais fait, il y aurait sur terre un être, issu de votre chair, qui vous prolongerait et ferait vivre ensuite votre souvenir dans ceux de ses propres enfants.

Une autre raison pour laquelle il n'avait pas souhaité fonder une famille avec Ruth tombait sous le sens : après avoir vu disparaître sous ses yeux ses parents, ses sœurs et son frère, comment donner naissance à un enfant juif ? Depuis le début du siècle, le monde était devenu une terre plus hostile que jamais pour les juifs. Concevoir un fils ou une fille pour qu'ils revivent un jour ce que j'ai vécu ? Pour qu'ils connaissent le sort des miens ou qu'ils deviennent orphelins de père et de mère comme je l'ai été ? Pas question. Je préfère, songeait-il alors, briser la chaîne de la transmission et la continuité d'une lignée familiale.

Belleface était convaincu que les hommes continueraient éternellement de reprocher aux juifs d'exister au seul motif que les juifs sont juifs. Le seul moyen de survivre était de se préparer aux pires épreuves, et de suivre un perpétuel entraînement au combat – ce qu'il n'avait cessé de faire au long de son existence. Un homme devait-il prendre la responsabilité de donner vie à un enfant en sachant que ce dernier n'aurait pour destin que d'apprendre à survivre ? Non, il ne voulait pas de tout cela. Et il savait, en pensant cela, qu'il touchait à l'une de ses convictions les plus intimes. « Alors je félicite les morts qui sont déjà morts plutôt que les vivants qui sont encore vivants. Et plus heureux que tous les deux est celui qui ne vit pas encore et ne voit pas l'iniquité qui se commet sous le soleil », dit *L'Ecclésiaste.*

C'était entendu : il était orphelin. Mais pourquoi rechignait-il à se représenter ce fait, et même à le formuler ? Parce qu'il aimait l'idée de s'être fait lui-même, de s'être créé tout seul. Péché d'orgueil, pensait-il. Tu as beau être seul au monde, avoir fait tant de chemin tout seul, sans rien devoir à personne, sinon au père Tarkowski, et tu as beau te faire appeler Belleface, il n'en reste pas moins que tu es le fils de Samuel Perlman et de Judith Wilner. Ne l'oublie pas : sans l'union de Samuel Perlman et de Judith Wilner, Belleface n'existerait pas. C'est cela, la vérité. Et tu ferais bien parfois de faire taire ton désir de puissance. C'est toujours quand on croit dominer les choses qu'on dégringole de son sommet.

Le Vieux jeta sa cigarette au sol et il l'éteignit d'un coup de talon. D'un geste machinal, il passa la paume de sa main sur la culasse de sa kalachnikov. L'acier était tiède, bien huilé pour éviter au mécanisme de s'enrayer au contact du sable et du sel. La température de l'air avait déjà commencé à s'élever mais elle restait supportable. Dans trois heures, le soleil serait parvenu au zénith et Belleface pensait déjà qu'il faudrait alors chercher à le fuir. Il regarda la ligne d'horizon devant lui, vers la baie de Tyr, avec sa rade qui s'éveillait dans la douce lumière du matin, et il supposa que les hommes commençaient à s'affairer dans le souk de la vieille ville, garnissant les étals, marchandant et devisant le long des ruelles tendues de bâches et de toiles pour se protéger du soleil.

Au loin, disséminés sur la mer, il pouvait apercevoir quelques bateaux de pêche, petites embarcations de bois aux couleurs vives, qui rentraient avec indolence au port, ou le quittaient avec la même nonchalance. Le monde était beau, d'une immense beauté, une beauté à faire mal parfois, mais il était désespérant. Plus que tout le reste, c'était cela, la vérité première. Il psalmodia pour lui-même le verset de *L'Ecclésiaste* qu'il se répétait plusieurs fois par jour. De toutes les paroles de sagesse de *L'Ecclésiaste,* c'était celle qui résonnait le plus fort en lui parce qu'elle fondait toute la vision qu'il avait acquise de l'existence : « J'ai tout vu, en ma vie de vanité : le juste périr dans sa justice et l'impie survivre dans son impiété. » Si même *L'Ecclésiaste* reconnaissait l'injustice, c'était à désespérer de tout.

La justice des hommes, se dit-il, c'est une blague. Elle est rendue à la tête du client. Selon que tu es puissant ou misérable, tu auras droit à une justice différente. Alors il vaut mieux être du côté des forts. C'est ce que j'ai toujours pensé – et c'est pourquoi je me suis toujours efforcé d'être du côté des forts. Il y a trop de dérogations dans la justice des hommes, de la clémence lorsqu'il faudrait de la sévérité, et de la rigidité lorsqu'il faudrait de l'intelligence ou de la clairvoyance. Non, il n'y a pas de justice sur terre. Et je ne vois pas d'autre solution que de croire à la justice de Dieu – en priant pour qu'elle existe bien. Car s'il n'y a pas de justice divine, alors tout s'effondre. Parce que tout serait permis s'il ne devait pas exister de sanction immanente. Et il se souvint alors du dernier verset, dans le dernier chapitre de *L'Ecclésiaste* : « Fin du discours. Tout est entendu. Crains Dieu et observe ses commandements, car c'est là tout l'homme : oui, Dieu fera venir toute œuvre en jugement, tout ce qu'elle recèle de bon ou de mauvais. »

Pourtant, songeait-il, dans son cas, la justice avait été rendue puisqu'il avait châtié Karl Schiffner. Quoique. La peine subie par le tortionnaire était, somme toute, bien légère au regard de ce qu'avaient vécu les membres de sa famille et les centaines de milliers de déportés du camp de Treblinka morts dans des souffrances indicibles. Mais il avait été puni, non par la main de Dieu, mais par celle de Belleface. C'est ce que j'ai fait de mieux dans ma vie, pensa-t-il : tuer Schiffner. Le tuer dans un combat singulier, d'homme à homme, en lui laissant toutes ses chances. C'était l'application de la loi du talion, se dit-il, la seule en laquelle je crois : « Mais si malheur arrive, tu paieras vie pour vie, œil pour œil, dent pour dent… » Et il poursuivit en murmurant ce verset du livre de *L'Exode* : « Main pour main, pied pour pied, brûlure pour brûlure, blessure pour blessure, meurtrissure pour meurtrissure… »

Non, il ne regrettait pas d'avoir tué Schiffner de sang-froid, même s'il était sans doute justiciable de ce geste devant les tribunaux des hommes, au regard des lois édictées par eux, nul n'étant censé se faire justice soi-même. Il l'avait tué, certes, avec préméditation et en toute connaissance de cause, mais il l'avait fait sans joie, alors que l'autre prenait un plaisir manifeste à voir et faire souffrir ses semblables. Il n'avait jamais avoué à personne ce meurtre et il n'en éprouvait aucun remords car il savait qu'il avait bien fait. Qui était en mesure de le juger sur cette terre ? Personne. Dieu seul, s'il existait vraiment, en avait le droit.

Survivre à la Shoah, se disait-il maintenant, c'était non seulement apprendre à vivre avec la colère, mais aussi accepter l'obligation de prendre une revanche sur la vie. C'était un devoir dont il était redevable envers les siens, envers tous ceux qui avaient péri dans le camp de Treblinka. Dans son cas, la revanche sur la vie passait par la vengeance. Et cette vengeance s'appelait réparation : elle était un préalable à toute forme de reconstruction. Nul ne le convaincrait jamais du contraire.

Il se releva. Au loin, sur la mer Méditerranée, il avait aperçu une embarcation qui cinglait à grande vitesse vers le sud. Droit vers eux, donc. D'où il se trouvait, il ne pouvait distinguer s'il s'agissait d'une vedette ou d'un hors-bord. Il était intrigué par cet événement inhabituel. La silhouette du bâtiment ressemblait à celle d'un Zodiac, avec une étrave arrondie qui se relevait à l'avant, et ses couleurs oscillaient entre le sable et le gris. C'étaient des teintes de camouflage.

Le Vieux se souvint soudain que son prédécesseur, Raphaël Zainoun, un maronite qui avait commandé le check-point de Ras-el-Bayada pendant deux ans, lui avait dit avoir essuyé un jour l'attaque d'un commando palestinien venu par la mer. Ayant débarqué sous un feu nourri, les assaillants n'avaient pas réussi à prendre pied sur la plage, aucun d'entre eux ne parvenant à s'avancer au-delà de la longue étendue de sable qui bordait la route côtière. L'offensive palestinienne s'était soldée par une dizaine de fedayin au tapis. L'ALS n'avait pas perdu un seul homme. Le Vieux se demanda si la sentinelle, là-haut dans le mirador, avait identifié le bâtiment et donné l'alerte. Il regretta d'être parti sans émetteur radio et résolut de redescendre vers le campement.

Belleface avait déjà rebroussé chemin lorsqu'il constata que la vedette avait changé de cap et s'éloignait désormais de la côte. Allons, se dit-il, ce ne sera pas pour aujourd'hui. Il reprit sa direction initiale, repassa devant le grand rocher plat sans s'y arrêter, puis il marcha vers le mirador. La pente était raide par endroits et, très vite, il sentit la sueur couler sous ses aisselles et le long de son dos. Il était en nage. Approchant du mirador érigé au sommet de la colline, il fit un signe de la main à la sentinelle qui s'y trouvait. En choisissant d'emprunter cet itinéraire plutôt que le chemin habituel, il savait que les derniers mètres de dénivelé à parcourir seraient ardus. Il avançait sur un sentier glissant et caillouteux, qui serpentait entre des rochers aux arêtes coupantes, qu'il fallait enjamber ou contourner, avec parfois des éboulis de cailloux sur lesquels il devait se hisser. Le Vieux parvint en soufflant sous le mirador et il s'y arrêta quelques instants pour profiter de l'ombre portée du bâtiment. Il essuya la monture de ses lunettes mouillées par la sueur.

« Tu as vu la vedette tout à l'heure ? demanda-t-il à la sentinelle.

— Oui, répondit Georges Charbel.

— Tu as pu la voir avec tes jumelles ?

— Oui. C'était un bateau civil.

— Bon, dit Belleface. Ouvre l'œil.

— C'est ce que je fais, chef. »

Le Vieux but une gorgée d'eau à sa gourde et il reprit sa ronde. Il voulait faire un tour dans la partie de leur camp la plus éloignée, celle qui longeait la route d'el-Henniye. Dans ce secteur, ses prédécesseurs avaient été contraints de disposer le réseau de fils barbelés en suivant la déclivité et le relief accidenté du terrain. La conséquence était que certains endroits dans cette zone sortaient du champ de vision de la sentinelle dans le mirador.

Il continua de marcher le long du sentier qui zigzaguait à flanc de colline. Parfois, il s'arrêtait pour observer les alentours. Le calme régnait sur le sud du Liban en ce début de matinée du mois de mai. Il n'y avait pas un souffle de vent et l'air paraissait cristallin, comme s'il était émaillé de millions de particules de sel infimes qui dansaient dans l'atmosphère et faisaient miroiter la lumière. Belleface regarda l'heure à sa montre. Il était dix heures moins le quart. Il entendit au loin, en direction d'el-Henniye, le bruit d'un moteur qui se rapprochait mais il ne sut le reconnaître avec certitude. Le son ressemblait à celui d'une mobylette dont le pot d'échappement aurait été troué ou retiré. Il alluma une cigarette.

D'où il se trouvait, en position de surplomb du camp, il pouvait apercevoir l'entrée du check-point, avec sa chicane, constituée de hérissons tchèques disposés çà et là sur la route et sur ses bas-côtés, afin de réguler le flot des véhicules qui se présentaient à Ras-el-Bayada, ses chevaux de frise et son poste de surveillance, avec les sacs de sable et le toit de tôle du shelter qui servait de guérite à la sentinelle. C'était le point faible de leur dispositif et il le savait – mais, sauf à y laisser stationner en permanence un char Merkava avec les membres de son équipage, il n'y avait guère de moyen de le renforcer.

Et encore la présence quotidienne d'un char n'aurait-elle qu'un vague effet psychologique, songeait-il : celui d'impressionner les apprentis terroristes, mais non les miliciens entraînés au combat du Hezbollah. Lorsqu'il s'agissait de fouiller les véhicules, de faire ouvrir, sans heurts ou de force, le coffre d'une berline familiale pour vérifier que des armes n'y avaient pas été dissimulées, un char n'était d'aucun secours pour la sentinelle. C'était du travail d'homme, qui ne pouvait être effectué qu'à hauteur d'homme. Pour identifier les véhicules, conducteurs ou passagers suspects, et pour éviter ensuite les coups de feu ou les coups de couteau, il fallait faire preuve de discernement. C'était une qualité d'homme, songeait-il, et aucun char ne pourrait jamais l'acquérir.

Il pensa que cette capacité de discernement manquait encore à Favrier. C'est normal, il est encore très jeune, se dit-il, et c'est justement cela que tu dois lui apporter : apprendre à sentir d'où peuvent venir les coups et comment y parer ou y répondre. C'est tout simplement ce qu'on nomme l'expérience, et elle s'apprend sur le terrain. Un bon soldat, songeait-il, ce n'est pas seulement celui qui fait preuve de courage et d'instinct au combat, c'est aussi celui qui a de l'expérience. Laquelle s'acquiert avec le temps. Un bon soldat, c'est donc aussi celui qui a su rester en vie longtemps. Autrement dit : celui qui a eu la chance de ne pas mourir trop tôt. Il se disait maintenant qu'il en avait vu tant, en Cochinchine et au Tonkin, dans la Plaine des Joncs ou dans le delta du Mékong, de ces jeunes recrues prometteuses qui tombaient lors de leur première sortie en opération, ayant pris une balle en pleine tête. Ceux-là n'avaient pas eu de chance.

Belleface se remit en route. Il ne voulait pas retrouver les hommes de son équipe avant d'avoir fait le tour complet de leur installation défensive. Cela faisait partie de ce qu'on attendait de lui : deviner, grâce à son expérience, ce qu'allait faire l'ennemi – même si celui-ci était, par nature, le plus souvent imprévisible.

Il faudra que je leur dise, aux uns et aux autres, de se méfier de la routine, songeait le Vieux. L'attente de quelque chose qui ne vient pas, c'est comme une rouille qui se dépose sur un mécanisme : elle finit par le gripper. D'ailleurs, je vais même leur dire qu'on passe en état d'alerte à partir de ce soir. Ils vont grogner, mais tant pis.

Et puis je vais dire à Favrier de se tenir autant que possible derrière moi. C'est ainsi que je vais lui apprendre le métier.

Ras-el-Bayada, le 8 mai 1985, 12h

La file de véhicules était à l'arrêt et elle s'étirait sur une vingtaine de mètres devant la barrière du check-point, attendant l'autorisation d'entrer dans l'enclave. Il y avait là des voitures de toutes les marques, certaines neuves et lustrées, d'autres couvertes de poussière, avec la carrosserie emboutie en plusieurs endroits, rafistolées de partout. Il y avait aussi, conduites par de vieux paysans, des camionnettes aux toits découverts, transportant des paniers d'osier, des cages de fer, des jarres en terre cuite ou des bidons de fer-blanc qui renfermaient des légumes, des fruits, des poulets, de l'huile d'olive, du lait de chèvre ou de brebis.

Dans la file se trouvaient aussi quelques fourgonnettes à travers les vitres desquelles Favrier pouvait apercevoir des packs de bières, de sodas ou d'orangeades emballés sous film plastique et disposés sur des palettes de bois. Au milieu de la file émergeait le toit d'un camion de déménagement dont la benne arrière débordait d'objets divers, des lits, des matelas, des tables, des chaises, des couvertures, sans doute le contenu du déménagement d'une famille libanaise. Favrier pensa qu'il n'avait jamais été confronté à un camion transportant ce type de chargement. Fallait-il le fouiller entièrement ou le laisser passer après un rapide contrôle des papiers d'identité du conducteur ? Il savait déjà qu'il lui faudrait appeler le Vieux pour avoir la réponse. Cela ne l'emballait pas. Il voulait montrer à Belleface qu'il était capable de se débrouiller tout seul.

Il venait de prendre son tour de garde à la barrière et Yared lui léguait un grand désordre. Plutôt que d'autoriser les véhicules et leurs occupants à franchir le contrôle au fur et à mesure de leur arrivée, il les avait obligés à patienter, comme si contraindre les habitants de la région à attendre sous le soleil lui procurait du plaisir. Certains d'entre eux étaient d'ailleurs sortis de leur voiture ou de leur camionnette pour prendre l'air et ils devisaient tranquillement devant leurs portières grandes ouvertes, les hommes en djellaba, parfois en jean et polo, leurs épouses en tchador, comme l'étaient souvent les femmes chiites de la région, échangeant entre eux des cigarettes, des bouteilles d'eau ou de soda, partageant un sandwich, tandis que des nuées d'enfants s'interpellaient, riaient et leur couraient dans les jambes. Ils prenaient leur mal en patience sans rien dire, ne laissant échapper ni récriminations ni indignation. Favrier aimait et admirait ce fatalisme oriental qu'il avait découvert en arrivant à Ras-el-Bayada. Il y voyait comme une réponse à l'agitation parisienne qu'il ne supportait plus lorsqu'il avait pris la décision de quitter la France.

Le soleil se reflétait sur les pare-brise et miroitait sur les carrosseries. La chaleur était épouvantable. Tous les conducteurs avaient laissé tourner au ralenti les moteurs de leurs véhicules et les vapeurs de diesel des mécanismes trafiqués rendaient l'atmosphère irrespirable. Je suis sûr qu'ils le font exprès, pensa Favrier, pour me décider à les laisser franchir plus vite le checkpoint. Mais cela ne sert à rien. Je ne le ferai pas.

Il se tenait debout devant le shelter, le gilet pare-éclats agrafé autour du torse, son fusil d'assaut en bandoulière. Peut-être que Yared avait raison, pensa-t-il, et que cela faisait partie des règles du jeu, sur cette terre, de chercher toujours à dominer les autres et à leur imposer sa loi. On l'acceptait ou on ne l'acceptait pas, mais le fait était que les uns se soumettaient et les autres non. Il venait de déposer à l'ombre, derrière les sacs de sable du shelter, bien calé contre le mur de parpaings, son casque, dans lequel il avait placé sa gourde ainsi qu'un sandwich roulé dans un papier d'aluminium. Il se saisit de ses lunettes de soleil qu'il plaça sur son nez. Il marcha jusqu'à la première voiture, un vieux modèle d'une marque française.

Il reconnut le possesseur du véhicule à travers la vitre baissée. C'était un berger des montagnes voisines, âgé d'une soixantaine d'années, à la peau tannée, crevassée comme le lit d'un ruisseau à sec, qui leur vendait chaque semaine des fromages de chèvre ou de brebis. D'un geste, Favrier lui fit signe qu'il l'avait reconnu et, sans plus attendre, il rebroussa chemin jusqu'à la barrière et la souleva. Il la fit retomber devant la voiture suivante. De nouveau, il marcha jusqu'au niveau de l'habitacle où se trouvait le conducteur. Lui aussi, il le connaissait. C'était un des commerçants de la Chaoui Street, qui vendait toutes sortes de produits électroniques, depuis la chaîne hi-fi jusqu'au rasoir électrique, en passant par les contrefaçons de marques d'horlogerie et de maroquinerie de luxe. C'était dans sa boutique que les hommes du campement avaient acquis quelques mois plus tôt, après s'être cotisés pour réunir la somme nécessaire, un lave-linge qui n'avait jamais fonctionné. Favrier remarqua qu'il avait changé de modèle de voiture et le laissa passer sans rien dire.

Le contrôle de véhicules était une activité monotone, presque mécanique, mais elle lui convenait parfaitement. Elle répondait à son désir de tourner la page de sa vie douillette d'étudiant parisien, protégé par la situation professionnelle inexpugnable de son père et le rempart que formaient l'amour de sa mère et l'affection des siens. Parce qu'elles étaient si différentes et si lointaines de l'avenir que sa famille projetait pour lui en France, les tâches quotidiennes auxquelles il était astreint à Ras-el-Bayada lui permettaient d'avoir le sentiment de vivre enfin, de pouvoir pour la première fois respirer, à pleins poumons, en étant le seul responsable des conséquences de ses décisions comme de ses actes. Maître de son existence, en somme. C'était exactement ce qu'il avait souhaité lorsqu'il s'était résolu à quitter Paris.

Il contrôlait maintenant les papiers d'identité du conducteur d'une camionnette dont le chargement était constitué de vêtements de type occidental : tee-shirts, polos, jeans, tennis et baskets. Il pensa qu'il s'agissait sans doute d'une livraison pour l'un des magasins de la Chaoui Street. Les Libanais faisaient bien les choses : leurs documents d'état civil étaient rédigés en français et en arabe. Favrier lut le nom de l'homme sur son passeport : Yasser Yazbek. Il ne connaissait pas encore toutes les subtilités de ce pays et n'était pas en mesure de distinguer le patronyme chrétien d'un musulman. À regarder l'homme, âgé d'une quarantaine d'années, aux cheveux noirs coupés court et au visage rebondi, barré en son milieu par une épaisse moustache, il supposa qu'il était chiite. Favrier jeta un dernier regard dans la cabine du véhicule. Un chien, de taille moyenne et de race indéterminée, était pelotonné sur le siège du passager et deux grosses clefs à molette avaient été oubliées sur le hayon avant, reposant sur une paire de gants maculés de cambouis. Puis son regard fut attiré par une épée d'Ali incrustée de pierres bleues et vertes, qui pendait au bout d'une chaîne dorée accrochée au rétroviseur intérieur. L'homme était bien un chiite. Sans rien dire, Favrier le laissa entrer avec sa camionnette dans l'enclave.

La chaleur semblait être encore montée d'un cran. Le soleil éclairait à la verticale et les ombres avaient presque disparu sur le macadam. Il pouvait sentir la transpiration mouiller sa chemise sous le gilet pare-éclats. Il pensa à l'ouvrir, hésita, puis il se ravisa. Il risquait d'être rappelé à l'ordre par le Vieux. Chaque jour, à midi, songeait-il, ce pays devenait une étuve. Il remarqua que certains automobilistes revenaient prendre place dans leurs véhicules. Il était si simple, pensait-il, de réguler le trafic. Il était en train de replacer la lanière de son fusil sur son épaule lorsqu'il vit apparaître à l'autre extrémité de la file une jeep de la FINUL (Force intérimaire des Nations unies au Liban), de modèle P4, de couleur blanche, dont les bâches avaient été retirées. Elle roulait lentement, en doublant par la gauche la queue de véhicules à l'arrêt. Six Casques bleus français se trouvaient à son bord.

C'était une habitude des troupes françaises de la FINUL que de passer les check-points sans emprunter la queue et en doublant tous les autres automobilistes. En règle générale, les officiers ou sous-officiers qui commandaient les escortes et les convois de l'ONU ne descendaient pas de leurs véhicules. Ils exigeaient qu'on leur ouvre le passage au plus vite. Une ou deux fois, le ton était monté entre les miliciens de l'ALS et les hommes de la FINUL parce que le préposé à la barrière avait tardé à l'ouvrir. Puis tout était rentré dans l'ordre. Quelques jours après ces incidents, Belleface avait expliqué à ses hommes qu'il ne voulait pas de démêlés avec les autorités militaires de l'ONU, et encore moins avec les Casques bleus français qui étaient, selon lui, les seuls vrais combattants de la FINUL. Il avait déjà assez de soucis avec le Hezbollah, et Israël avec les Nations unies, pour ne pas recevoir de plaintes de Tsahal quant au comportement de ses hommes avec les Casques bleus. À la longue, au rythme de plusieurs passages de convois et de leurs escortes chaque jour, les Casques bleus français et les soldats de l'ALS avaient fini par se reconnaître. Parfois, ils échangeaient un regard ou un sourire sous leur casque. Mais ils avaient l'interdiction absolue de se parler.

La jeep s'approchait et le jeune Français eut tout le loisir d'observer ses occupants et leur armement. Ils devaient provenir d'un nouveau contingent, pensa Favrier, parce qu'ils portaient des treillis neufs et avaient la peau blanche de ceux qui sortent tout juste de l'hiver français. D'ici quelques mois, ils auraient comme tout le monde le visage et les avant-bras brunis par les rayons du soleil. Il remarqua qu'un lieutenant, bien plus jeune que les autres soldats de la jeep, se trouvait à côté du pilote, à la place du chef de bord. Derrière, quatre hommes se tenaient assis sur deux banquettes qui se faisaient face. Ils étaient tous équipés de casques et de gilets pare-éclats, et armés de Famas, à l'exception de celui qui se tenait le plus à l'arrière du véhicule, et qui avait posé le canon d'un fusil-mitrailleur sur un empilement de sacs à dos, le bipied replié et devenu soudain inutile. Ils étaient plus grands et plus costauds que la moyenne des Français et, lorsqu'ils passèrent devant lui après qu'il eut relevé la barrière, Favrier remarqua qu'ils portaient tous un insigne représentant une ancre de couleur dorée, emblème des troupes de marine.

Quelques jours plus tôt, il avait vu passer en début de matinée un important convoi de l'ONU sous une lourde escorte de Casques bleus, constituée d'automitrailleuses et de VAB (véhicule de l'avant blindé). Il ignorait ce que transportaient les énormes camions de l'ONU, que les pilotes éprouvaient des difficultés à manœuvrer tant le poids de leur chargement pesait sur les essieux et les châssis des véhicules. Pendant de longues minutes, le convoi avait été immobilisé devant le poste de contrôle du check-point, l'un des pilotes ayant raté une manœuvre, qui avait fait verser une roue dans un fossé. Favrier se souvenait avoir alors aperçu dans un Marmon – un véhicule 4 × 4 de transports de troupes de l'armée française qui faisait partie de l'escorte – un Casque bleu qui lui rappelait quelqu'un. Où l'avait-il vu déjà ? Il était presque sûr d'avoir croisé ce garçon à Paris par le passé. C'était un grand gaillard du même âge que le sien, mince, aux cheveux bruns coupés très court, rasés dans la nuque et sur les tempes. Favrier croyait se souvenir qu'il portait un nom à consonance flamande. Était-ce à la faculté qu'ils s'étaient croisés ? Ou dans une de ces soirées parisiennes où il se rendait si souvent avant de rencontrer Claire ? D'ailleurs, n'était-ce pas Claire qui lui avait présenté ce garçon un soir de fête ? Cette même Claire qui l'avait peut-être trompé avec ce garçon ? C'était bien possible… Sur le coup, il en fut presque sûr. Il pensa à interpeller le Casque bleu pour en avoir le cœur net, mais il se retint au dernier moment, par crainte de subir les remontrances du Vieux.

Le camion était à l'arrêt, débâché, devant la barrière du check-point, avec son moteur diesel qui tournait au ralenti, dégageant une épaisse fumée noire par le pot d'échappement, et le soldat avait ôté son casque, sans doute à cause de la chaleur écrasante qui régnait déjà quelques jours plus tôt sur le sud du Liban. Favrier l'avait dévisagé sans gêne à travers les verres fumés de ses lunettes de soleil. Le soldat avait les pieds relevés sur les ridelles du camion et, d'où il se trouvait, Favrier avait pu voir la semelle de ses rangers et leur dessin cranté qui, malgré un relief en puissants contrastes, n'imprimait pas sur la rocaille et la poussière de ce pays. Le soldat avait un coude posé sur la crosse du fusil-mitrailleur qui avait été fixé sur un affût à l'arrière du véhicule. Il fumait une cigarette en silence et ses camarades faisaient de même, sans rien dire, les yeux dans le vague. L'un d'entre eux tenait entre ses genoux un LRAC (lance-roquette antichar). La plupart des autres étaient équipés de SIG, le fusil d'assaut de l'armée suisse, à l'exception d'un tireur d'élite, qui avait calé contre son épaule un fusil à lunette. Ayant eu tout le temps d'observer les insignes régimentaires de ces Casques bleus, Favrier en avait tiré la conclusion qu'ils étaient chasseurs alpins. Ils n'avaient pas échangé un mot entre eux mais, ce jour-là, le jeune Français s'était senti heureux d'avoir croisé de près des compatriotes.

Il continuait de se faire ouvrir les coffres des véhicules et de contrôler les papiers d'identité de leurs propriétaires. Il s'acquittait de sa tâche de bonne humeur, avec une sorte d'entrain délibéré, en s'efforçant de se concentrer sur chaque détail. En observant chaque jour le Vieux agir, Favrier avait compris que l'attention portée aux détails était une règle primordiale de l'existence : c'était une forme de garantie sur la vie, parce qu'elle permettait de rester sur ses gardes en toutes circonstances, mais c'était aussi un moyen efficace d'oublier ses tourments, en s'interdisant les occasions de se laisser aller à la rêverie. Se plonger dans la réalité des choses, se heurter à leur matière, observer les mouvements des éléments, du plus spectaculaire au plus infime, et les faits et gestes des uns et des autres, en s'efforçant de n'y placer ni affect ni sentiments : c'était en agissant ainsi qu'il parviendrait à oublier Claire, bien plus sûrement qu'en s'abandonnant à la farandole des plaisirs, comme il avait pu le croire dans un premier temps.

Claire. Il pensait encore à elle, c'était une évidence, mais moins souvent que par le passé. Et, surtout, il était désormais capable de penser à elle sans ressentir de douleur. Au fond, se dit Favrier, je ne suis pas sûr que nous aurions pu, elle et moi, vivre ensemble très longtemps parce que nous ne recherchions pas les mêmes choses. J'ai longtemps cru que j'étais venu au Liban pour oublier Claire. Aujourd'hui, je n'en suis plus si sûr. Je crois que je suis venu au Liban afin de savoir qui je suis vraiment.

Il songea qu'il avait parfois l'étrange impression que tous les éléments qui formeraient un jour son destin étaient réunis à Ras-el-Bayada et que tout se mettait en place autour de lui, en silence, dans un ordre qui lui échappait. Il pressentait qu'il avait un rôle à remplir, mais il ignorait encore lequel. Il songea aussi qu'il se sentait infiniment plus proche de Belleface que de quiconque. C'est curieux, se dit-il, le Vieux n'est pas un ami, mais il n'est pas non plus un père. Il remplit une autre fonction, et je sens qu'elle est juste. Il est un peu comme un maître pour moi – et l'on peut considérer sans se tromper que je suis son disciple. En fait, je crois qu'il ne me serait pas possible de devenir qui je suis vraiment si je n'avais pas fait sa connaissance.

Et il pensa à l'allégorie, aussi vieille que le monde, du maître et de ses disciples. Il n'était pas nécessaire, se disait-il, d'être un prêcheur de la paix, comme le Christ, ou de la non-violence, comme le Dalaï-Lama, pour que vous suivent des apôtres venus de toutes parts. On pouvait aussi être un maître de guerre, comme l'était Belleface, et compter des élèves qui mettent en pratique votre enseignement. Ainsi le commandant Yarhi avait-il été profondément marqué par les préceptes de vie et de combat du Vieux. D'autres soldats, que Favrier ne connaissait pas, l'avaient été sans doute aussi. L'important, songeait le jeune homme, c'était de faire les choses pour lesquelles on était fait, et d'apprendre à les faire auprès de ceux qui savaient les faire.

C'était l'un des principaux piliers de toute civilisation : suivre l'enseignement de ceux qui vous permettent de mettre en pratique vos propres inclinations, convictions ou aspirations. L'organisation des sociétés humaines tenait et reposait sur la relation du maître et de l'élève, même pour celles qui renonçaient au désir de transcendance. La permanence du monde était fondée sur cette transmission du savoir et de l'expérience. Que la chaîne vienne à se rompre, et l'humanité était assurée de reculer.

Favrier venait d'abaisser la barrière, fermant le passage aux véhicules. La chaleur était devenue oppressante. Il fut pris d'une soif irrépressible et il alla chercher sa gourde dans le shelter. En s'éloignant, il surprit le regard inquiet des automobilistes bloqués dans la file qui avait cessé d'avancer. Il n'en avait cure. Il devait boire sans plus attendre. Le soleil, immobile, semblait fondre sur les hommes vivant dans cette partie du monde et, sous l'effet de la lumière aveuglante, le ciel paraissait être devenu plus blanc que bleu. Le Français dévissa le bouchon de sa gourde. L'eau était déjà tiède. Il revint à la barrière en pensant à Belleface.

Se pouvait-il que tant de disparités de tempérament, de caractère et de comportement puissent exister entre les hommes d'une même époque ? Favrier avait une certitude : on ne compte guère plus de quelques hommes tels que Belleface par génération. Jamais il n'avait encore croisé, dans ses lectures ou sur sa route, quelqu'un du même acabit que le Vieux, fait du même bois, trempé dans le même bain d'acier et plongé dans le même moule de volonté. En vérité, il n'avait jamais rencontré un homme ayant accumulé une telle somme d'expérience – et de sagesse. Et il doutait de pouvoir en rencontrer d'autres.

C'était à se demander si de tels êtres existaient encore. Certes, Belleface n'était pas fait pour exercer les métiers de tout le monde. Le connaissant, se disait Favrier, je n'imagine pas un instant qu'il aurait pu opter pour la profession de médecin, d'agent commercial, de garçon boucher ou d'ingénieur en informatique. Belleface est un vieux soldat qui a fait toutes les dernières guerres. Il incarne l'archétype du vétéran, qui est en passe de disparaître. Et ce serait dommage, se disait-il, que cela soit ainsi car nous avons tant à apprendre de ce genre de personnage. Alors que l'on se plaint en France à la moindre occasion, pour une cloque au pied, une piqûre de moustique ou un bobo de l'âme, de tels hommes avaient connu les pires difficultés, traversé de terribles épreuves, enduré la solitude et les souffrances, mais sans désespérer tout à fait, alors même que tout semblait perdu, et sans jamais, à l'instar de Job, se plaindre de leur condition, accuser le sort ou insulter les dieux. Favrier admirait la force de caractère qui les animait.

Il s'épongea le front avec sa manche. Ceux qui étaient parvenus à surmonter les épreuves que leur envoyait la destinée, comme avait su le faire le Vieux, en avaient tiré une force intérieure, certes, ainsi qu'une ou deux certitudes, parfois une sagesse, quelques regrets sans doute, mais rarement des remords. Favrier pensa que Belleface représentait un concentré de tous ces êtres qui sortent des normes, même s'il n'en était qu'un parmi d'autres, un homme qui n'était plus personne puisqu'il avait renoncé à son nom.

Or le patronyme était, Favrier avait pu l'observer dans toutes les familles qui conservaient la mémoire d'elles-mêmes, un bien précieux, car il vous ancre dans une continuité, où se mêlent le sang, l'histoire et la géographie. Là encore, songeait le jeune Français, la transmission était nécessaire pour assurer la permanence. Comme les vertus, le savoir ou l'expérience, le nom se perpétuait de père en fils. Pourquoi Belleface avait-il renoncé à porter le patronyme de son père ? Pour quelles raisons le Vieux avait-il décidé de briser un jour la chaîne familiale ? Cette résolution lui paraissait d'autant plus étonnante de la part d'un homme dont les coreligionnaires étaient souvent attachés à la tradition et possédaient au plus haut degré le sens de la famille. Cette chaîne était-elle celle du malheur ? Une fois de plus, Favrier se posait cette question à laquelle le commandant Yarhi n'avait pas été en mesure de répondre.

Il venait de contrôler la berline d'un père de famille entouré de tous les siens. Favrier ne les avait jamais vus franchir le check-point par le passé. Ne les connaissant pas, il avait ordonné à l'homme, à sa femme et à leurs six enfants entassés sur la banquette arrière de sortir de la voiture. L'homme avait expliqué qu'il venait voir des cousins qui vivaient dans l'enclave. C'était un chiite, habillé à l'occidentale, alors que sa femme était voilée de pied en cap dans un tchador de couleur noire. Il paraissait être âgé d'une quarantaine d'années, avait des gestes qui trahissaient l'embarras et le regard fuyant. Favrier n'avait pas cru son histoire de famille mais il l'avait laissé passer. Il avait fouillé la voiture de fond en comble sans rien y trouver de suspect.

Il était en train de fouiller l'habitacle d'une fourgonnette lorsqu'il vit Belleface se diriger vers lui. Le Vieux ne portait pas de casque mais il tenait sa kalachnikov à la main, comme d'habitude.

« Tu as vu le camion de déménagement un peu plus loin dans la file ? demanda-t-il.

— Oui, répondit Favrier.

— C'est pour ça que je viens te voir, fit Belleface.

— Je t'écoute.

— On ne va pas le laisser passer comme ça, dit le Vieux. Si ça se trouve, il y a des lance-roquettes planqués dans les matelas et des grenades dans les armoires. C'est impossible pour nous de contrôler tout son chargement. Je vais aller voir le chauffeur pour lui dire de faire demi-tour.

— Comment vas-tu lui expliquer ça ?

— Je vais lui dire qu'il faudra qu'il passe sa cargaison en plusieurs fois s'il veut entrer dans l'enclave. »

Et le Vieux remonta lentement la file jusqu'au camion de déménagement. Favrier put l'apercevoir au loin parlementer avec le chauffeur qui se trouvait dans sa cabine. Quelques instants plus tard, deux voitures sortaient de la queue de véhicules et s'écartaient pour laisser la liberté de manœuvre au poids lourd.

« C'est fait, dit Belleface lorsqu'il fut de retour auprès de Favrier. Il reviendra demain. Et après-demain. Et autant de fois qu'il le faudra. Il va organiser autrement son déménagement. »

Le Vieux repartit sans rien ajouter. Et Favrier le regarda s'éloigner, avec sa silhouette un peu lourde, qui trahissait l'avancée de l'âge, et sa démarche souple, avec un léger déhanchement, deux des traits de la personnalité de cet homme qui lui était devenu si familier et indispensable. Il le vit entrer dans le bungalow après s'être arrêté à côté de la glacière, dont il avait tiré une bouteille d'eau.

C'était une grande chance d'avoir fait la connaissance de Belleface. Parfois, lorsque Favrier observait le Vieux évoluer au milieu de ses hommes, des soldats qui n'étaient jamais que des miliciens, c'est-à-dire des mercenaires mus par l'appât du gain ou par des convictions idéologiques, il lui revenait en mémoire un roman de Jack London lu au cours de son adolescence. Le livre s'appelait *Le Loup des mers,* et il y était question d'un capitaine, Wolf Larsen, qui apparaissait aux yeux de son équipage comme une sorte de surhomme parce qu'il était insensible à la douleur autant qu'aux sentiments. Favrier se souvenait en particulier d'une scène, dans ce roman qui l'avait terrifié, où le capitaine broyait dans sa main une pomme de terre crue. Au fond de lui, le Français était persuadé – en tout cas il voulait le croire – que Belleface possédait assez de force dans la paume et les doigts pour faire de même – et il aurait été déçu d'apprendre que ce n'était évidemment pas le cas. Comme le capitaine Achab de *Moby Dick,* son homologue Wolf Larsen était haï de ses hommes. Et c'était toute la différence avec Belleface, qui était respecté, admiré et aimé des siens.

Car Belleface était fort, certes, mais il était aussi un homme qui faisait preuve en toutes circonstances d'humanité et de sagesse. Favrier savait désormais que derrière cette force, cette générosité et cette sagesse se cachait une longue et profonde souffrance qui rendait si humain le Vieux, bien plus humain que tous les marchands de bonheur et d'illusions qu'il avait pu croiser, voir ou entendre en France. Il ne savait pas tout de la vie de Belleface mais il était convaincu, au fond de lui-même, qu'elle avait été noble et droite. Pour tout dire, il lui était nécessaire de croire qu'elle avait été menée ainsi : à la fois rigoureuse du point de vue moral, et impeccable sous l'angle esthétique. C'était, pour le jeune homme, un impératif qui ne pouvait être remis en cause. Pourquoi vivre si c'était pour vivre mal ? Il ne pouvait croire un instant que Belleface avait pu, au cours de son existence si mouvementée, succomber un instant à la facilité et adopter une conduite indigne. Il avait besoin de croire que les choses étaient ainsi parce que les héros sont faits pour vous montrer le chemin de l'idéal.

Favrier pensa que le monde dans lequel il évoluait, ainsi que l'époque qui lui paraissait perdue dans le matérialisme, avec ses futilités triviales, ses erreurs de raisonnement et son horizon sans espoir, manquait d'hommes tels que Belleface, et que ceux-ci étaient plus indispensables que jamais. Pourvu, se dit-il, que les gens comprennent ce qui se joue aujourd'hui ! Car je ne donne pas cher de notre monde si ces hommes-là devaient disparaître sans qu'il se trouve personne pour leur succéder, pour les relever, pour accepter de recevoir d'eux le flambeau, le porter haut, et le transmettre à leur tour.

Il regarda l'heure à sa montre. Il était une heure moins le quart. Il abaissa la barrière et fit signe à la voiture suivante de s'avancer au pas. C'était une Mercedes flambant neuve, de couleur noire. Une silhouette féminine se tenait à la place du conducteur. Favrier s'approcha de la voiture et il regarda à travers le pare-brise. Dans l'habitacle, tout était propre et parfaitement rangé. La jeune femme était mince et jolie, avec de grands yeux sombres et de longs cheveux noirs découverts, si bien peignés qu'ils en paraissaient lisses. Elle était habillée à l'occidentale. Favrier la dévisagea à travers la vitre. Elle portait un collier doré avec de larges maillons sur un chemisier blanc et elle s'était mis du rouge aux lèvres. Il pensa qu'elle devait avoir moins de vingt-cinq ans. Peut-être vingt-deux ans. Il se dit en lui-même qu'elle était aussi belle que Claire. Il lui fit un sourire auquel elle ne répondit pas.

Épilogue

« Car le moment est proche. Que celui qui est injuste fasse encore le mal ; que l'impur se souille encore ; que le juste pratique encore la justice, et que le saint se sanctifie encore. Et voici que je viens bientôt, et ma rétribution est avec moi, pour rendre à chacun selon son œuvre. »

L'Apocalypse selon saint Jean (*Nouveau Testament*)

Ras-el-Bayada, le 8 mai 1985, 12 h 45

Il ne vit rien mais il entendit. La violence de l'explosion le fit sursauter sur son lit. C'était une détonation d'une très forte puissance, dont le volume sonore dépassait amplement celui de la déflagration d'une grenade défensive ou d'un obus de mortier. Il comprit tout de suite. Un combattant du Hezbollah venait de se faire sauter avec son véhicule contre la barrière du check-point, il en était certain. Et c'était Favrier qui se trouvait de garde près du shelter !

Belleface bondit sur ses pieds. Il s'empara de sa kalachnikov et sortit en courant de sa chambre, tenant son fusil d'assaut dans une main tandis qu'il l'armait de l'autre. Les pensées se précipitaient et s'entrechoquaient dans son esprit. Il est mort, c'est sûr. Et s'il y avait d'autres hommes près de la barrière, ils devaient l'être aussi. Mais non, pensa-t-il, peut-être que Favrier était allé pisser juste avant l'explosion ? Mais il savait très bien que c'était impossible parce qu'il avait interdit aux membres de son équipe de s'absenter, ne serait-ce qu'une minute, de leur poste. Mais alors, peut-être qu'il s'était fait remplacer à son poste par un autre, le temps d'aller se soulager ? Il savait que ce ne pouvait pas être le cas. Et que tout cela était donc un peu de son fait, parce qu'il avait toujours été très strict quant à l'observation des règlements, même si le recours imposé à la discipline n'avait jamais été responsable de la mort d'un homme. La vie avait toujours été injuste avec lui et avec les siens – sinon, comment expliquer que les membres de sa famille aient péri ainsi, cloués contre les portes des baraquements d'un camp d'extermination ? – et elle l'était encore aujourd'hui. Voilà ce qu'il se disait à cet instant-là.

Il courait de toutes ses forces vers le lieu de l'explosion, mû par un sentiment d'urgence intime. Il venait de passer le remblai de terre qui dissimulait aux regards venus de la route le bungalow qui leur servait de foyer et il aperçut un cratère à l'emplacement de la barrière. Il ne restait presque plus rien de leur installation de défense au bord de la chaussée. La barrière avait été pulvérisée. Des morceaux de tôle, des tiges de ferraille et des plaques de goudron étaient disséminés çà et là, et les sacs de sable formant les murs du shelter avaient été éventrés par le souffle de l'explosion. L'un des quatre murs, celui qui avait été maçonné avec des blocs de parpaings, était en grande partie démoli. Des nappes de fumée flottaient par endroits au-dessus du sol. Quelques flammes s'échappaient des habitacles des véhicules et léchaient leurs portières tordues et déchiquetées. Belleface n'eut pas le temps de compter les voitures mais il y en avait au moins cinq ou six. Il était probable qu'il n'y avait aucun survivant parmi les familles qui se pressaient en toute tranquillité, quelques instants plus tôt, devant la barrière du checkpoint.

Il parvint enfin à l'endroit où s'élevaient les restes du shelter. Le corps de Favrier s'y trouvait, méconnaissable, étendu au milieu de plaques de tôle ondulée pliées et de sacs de sable. Un regard suffit à Belleface pour comprendre. Deux de ces sacs, dont les enveloppes de tissu étaient percées, surplombaient le corps du Français, et de minces filets de sable coulaient sur sa joue et son torse perforé, malgré son gilet pare-éclats, par un fragment de ferraille. Il ne portait pas son casque, pensa le Vieux, mais de toute façon il ne lui aurait servi à rien. Belleface sut tout de suite que Favrier ne se relèverait pas.

Il se sentit soudain très fatigué. C'est curieux, pensa-t-il, comme je suis las de tout. J'ai l'impression d'avoir cent ans. Et le simple fait d'avoir formulé cette idée dans son esprit lui fit penser qu'il n'était pas loin de la vérité. Il chancelait à présent. C'était comme si ses jambes ne le portaient plus et il éprouva le besoin de s'accrocher à quelque chose. En lui-même aussi, il s'effondrait. Il s'approcha du poteau de la barrière, qui avait été coulé dans un bloc de béton enfoui dans le sol, seul vestige encore debout du poste de contrôle. Il s'adossa au poteau et contempla le désastre.

« Mektoub. C'était écrit », dit-il en crachant au sol au bout de quelques instants. Et, soudain, il se sentit de nouveau seul au monde. Aussi seul que lorsqu'il avait perdu sa famille quarante ans plus tôt dans le camp de Treblinka.

« Mektoub », répéta-t-il. Et il leva les yeux au ciel, sans comprendre pourquoi il lui avait été enlevé ce jeune homme dont il aurait pu faire son fils. Et, après avoir longtemps regardé les cieux sans y trouver de réponse, il se récita ce verset de *L'Ecclésiaste* dont il n'avait jamais soupçonné la portée jusqu'à ce jour : « Si l'un tombe, l'autre le soutient. Malheur à celui qui est seul ; car lorsqu'il sera tombé, il n'a personne pour le relever. » Et, pour la première fois depuis tant d'années, il ne ressentit pas de colère envers le sort qui s'acharnait contre lui et contre ceux qu'il aimait : il avait seulement envie de pleurer.

Cet ouvrage a été imprimé
par CPI Firmin-Didot
pour le compte des éditions Grasset
à Mesnil-sur-l'Estrée (Eure)
en décembre 2020

Mise en pages PCA, 44400 Rezé

N° d'édition : 21821 – N° d'impression : 161758
Première édition, dépôt légal : septembre 2020
Nouveau tirage dépôt légal : décembre 2020
Imprimé en France